批判理論

Critical Theory: A Very Short Introduction

U0134711

Critical Theory: A Very Short Introduction

批判理論

布朗納（Stephen Eric Bronner）著

孫晨旭 譯

OXFORD
UNIVERSITY PRESS

OXFORD
UNIVERSITY PRESS

Oxford University Press is a department of the University of Oxford.
It furthers the University's objective of excellence in research, scholarship,
and education by publishing worldwide. Oxford is a registered trade mark of
Oxford University Press in the UK and in certain other countries

Published in Hong Kong by
Oxford University Press (China) Limited
39/F, One Kowloon, 1 Wang Yuen Street, Kowloon Bay, Hong Kong

批判理論

布朗納 (Stephen Eric Bronner) 著

孫晨旭 譯

ISBN: 978-0-19-942698-0

1 3 5 7 9 10 8 6 4 2

English text originally published as *Critical Theory: A Very Short Introduction*
by Oxford University Press © Stephen Eric Bronner 2011

謹以此書紀念

恩斯特・布洛赫
Ernst Bloch

目錄

導言

什麼是批判理論？

哲學從一開始就顯示出一種顛覆性。柏拉圖的《申辯篇》(*Apology*)講述了蘇格拉底如何受到雅典公民譴責，被指腐化青年品行並懷疑神靈。這一控訴是有些道理的。蘇格拉底對傳統觀念提出了疑問。他使存在已久的信念接受理性的審視，並對超越既定秩序的問題進行了思考。如我們所知的，「批判理論」就建立在這一遺產之上。這種新的哲學傾向形成於第一次世界大戰和第二次世界大戰之間，它最重要的代表人物對根植於西方文明之中的剝削、壓迫和異化，發動了無情的攻擊。

批判理論拒絕將自由與任何制度安排或固化的思想體系聯繫在一起。它對相互競爭的理論和既有實踐形式之中隱含的假設與意圖提出質疑。對於所謂的「長青哲學」，它並無太大用處。批判理論堅持認為，思想應當回應不斷變化的歷史環境中產生的新問題以及實現解放的新的可能性。批判理論具有跨學科性和獨特的實驗性，對傳統和所有絕對主張深表懷疑，不僅始終關注事物當下如何，也關注其可能如何

以及應當如何。這種道德要求促使其主要思想家發展出一系列主題和一種新的批判方法，從而改變了我們對社會的理解。批判理論有許多淵源。康德認為道德自主是個人的最高道德準則。他為批判理論提供了關於科學理性的定義和以自由前景面對現實的目標。同時，黑格爾認為意識是歷史的動力，思想與現實問題相關，哲學是「時代的思想」。批判理論家學會了從總體着眼解釋特定事物。自由的時刻出現在被奴役者和被剝削者要求得到承認之時。

康德和黑格爾都體現了源於17和18世紀歐洲啟蒙運動的世界主義和普遍主義假設。他們依靠理性對抗迷信、偏見、暴行和制度性權威的專斷行使。他們還對美學所表達的人文希望、宗教的救贖期許以及關於理論與實踐關係的新思路進行了思索。青年卡爾·馬克思以其有關人類解放的烏托邦思想走得更遠。

批判理論是在馬克思主義的思想熔爐中構想出來的。但其代表人物從一開始便對經濟決定論、歷史階段論和關於社會主義「必然」勝利的宿命觀不以為然。他們關心的與其說是馬克思所說的經濟「基礎」，不如說是社會的政治和文化「上層建築」。他們的馬克思主義屬一種不同的類型。相比於其系統主張、對異化和物化的關注、與啟蒙理想的複雜關係、烏托邦要素、對意識形態作用的重視以及抵制個體畸變的承諾，他們更着重強調的是其批判方法。在「西

方馬克思主義」的代表人物柯爾施(Karl Korsch)和盧卡奇(Georg Lukács)構想批判理論時，這一系列主題構成了它的核心內容。兩位思想家為批判計劃提供了框架，隨後社會研究所(Institute for Social Research)，或者說「法蘭克福學派」便以此而聞名。

其主要成員包括以精通音樂和哲學而揚名的阿多諾(Theodor W. Adorno)，他從1928年開始與研究所合作，卻在十年後才成為正式成員；天才心理學家弗洛姆(Erich Fromm)，他從1930年開始為期九年的合作；在許多領域才華橫溢的哲學家馬爾庫塞(Herbert Marcuse)，1933年加盟；這些思想家中最具創造力的本雅明(Walter Benjamin)，從未正式成為一分子；哈貝馬斯(Jürgen Habermas)，1968年後成為其領銜哲學家，無疑也是研究所最多產的思想家。然而，研究所的指路明燈是霍克海默(Max Horkheimer)。他將這些傑出的知識分子凝聚到一起，為社會批判理論搭建起跨學科的基礎。

法蘭克福學派起初相信其思想工作會對無產階級革命行動的實際前景有所裨益。然而，隨着20世紀30年代的逝去，革命在蘇聯走向沉寂，在歐洲也前途暗淡。法西斯主義已經肆無忌憚地進入政治生活，起初與現代性相伴的人道希望顯得愈發天真。法蘭克福學派使左翼人士對於科學技術固有的進步特徵、大眾教育以及民眾政治的長久信念受到尖銳

的拷問，以此記錄了這一歷史性的轉變。

法蘭克福學派從叔本華、尼采、卡夫卡、普魯斯特（Marcel Proust）、貝克特（Samuel Beckett）和現代主義遺產那裏吸收了深刻的見解，借此重新塑造了歷史辯證法，啟蒙運動和馬克思主義隨之從它們未實現的理想的角度得到正視。批判理論重建被遺忘的烏托邦形象和被忽視的反抗理想的歷程，是在實現它們的可能性似乎不復存在的情況下開始的。其成果是只在當代學者中盛行起來的一種新形式的「否定辯證法」。

法蘭克福學派一直認為，擁護既定秩序的哲學是促成社會解放的障礙。對絕對基礎、分析範疇以及證明真理主張的固定標準的執著，遭到其成員的譴責。他們看到了兩大元凶：現象學及其關於個體如何體驗存在的固有本體論主張，以及要求按自然科學標準來分析社會的實證主義。兩者都因非歷史地對待社會並排除真正的主體性而遭到抨擊。批判理論被認為是一種替代性選擇。它的動力來自變革意圖和對現代生活的文化的格外關注。

異化和物化是最常與批判理論聯繫在一起的兩個概念。通過將這兩個概念從歷史背景中剝離出來，前者通常被視為剝削和分工的心理結果，後者常被視為人如何被當作「物」受到工具式的對待。20世紀20年代西方馬克思主義者已經對異化和物化做出開創性研究，但法蘭克福學派對這兩個複雜範疇如何影響發達工業社會中的個人，提出了一種獨特的理解。

他們研究了思想正通過哪些方式淪為關於何者有效且有利可圖的機械看法，道德反思正以何種方式趨向消亡，審美趣味正以何種方式日益標準化。批判理論家們警覺地注意到解釋現代社會何以變得愈加困難。由此，他們從異化和物化如何危及主體性的發揮、剝奪世界的意義和目標並使個體成為機器上的一個齒輪的角度，對它們進行了分析。

奧斯威辛集中營被認為體現了異化和物化最根本的含義。這一轉折性事件比18世紀里斯本地震更加徹底地擊碎了關於進步的樂觀設想。納粹集中營還歷歷在目，廣島和長崎又被焚巢蕩穴，關於蘇聯古拉格的新報告浮出水面，麥卡錫主義在美國甚囂塵上，於法蘭克福學派而言，西方文明帶來的似乎不是人的發展，而是一種前所未有的野蠻狀態。他們意識到，比起通常對於資本主義的老套批評，需要從激進思想中獲得更多的東西。

一個官僚化治理的大眾社會正顯而易見地整合著一切反抗形式，抹殺著真正的個性，孕育著帶有權威偏好的人格結構。一致性正在摧毀自主性。如果資本主義的發展與標準化和物化相關，那麼進步實際上是一種倒退。因此，左派人士不加批判地接受的與啟蒙運動相關的那些幻象需要重新審視，現代性本身也需要批判。

法蘭克福學派的所有成員一致認為，需要加強教育以抵抗權威趨勢。但尚不清楚的是，這樣的教育在一個全面管制的社會中可能有多大效果。一個新的「文化產

業」——可以說是關於批判理論最著名的概念——為了使銷量最大化，正不停地力爭降低大眾品味。真正的個人體驗和階級意識正受到發達資本主義的消費主義的威脅。這一切使得霍克海默、阿多諾和馬爾庫塞提出，一部作品的受歡迎程度——不考慮它的政治訊息——取決於它的激進衝動在多大程度上被整合到體制之中。這些思想家成為現代主義實驗藝術的擁護者，而在戰後的緊張氛圍中，他們也支持以一種「伊索」式複雜難懂的寫作方式掩藏他們的激進信念。不過，在參與20世紀60年代起義的激進知識分子中間，批判理論深奧、含蓄的風格只會增強它的吸引力。

批判理論始終具有預見性。它的擁護者預測到日常生活和個人體驗的轉變。法蘭克福學派不僅對維護既定秩序的歷史觀提出疑問，而且提出一種激進的替代選擇。歐洲激進人士將其思想運用於家庭、性和教育的重構之中。他們試圖帶來一種新的沒有暴行和競爭的烏托邦感受。但法蘭克福學派圍繞20世紀60年代的運動產生了分歧。阿多諾和霍克海默是持懷疑態度的。他們質疑反文化和對傳統的攻擊、零星的暴力和反智主義以及激進活動家應該給予民主的敵人的安慰。他們將20世紀60年代的群眾運動與兩次世界大戰之間的群眾運動聯繫起來，也將烏托邦思想與極權主義聯繫在一起。

真正的反抗此時似乎需要強調批判傳統內在的否定要素。尤其是，阿多諾提出，問題不再僅僅是拒絕將

圖1　20世紀60年代學生運動中的激進知識分子深受批判理論和法蘭克
　　福學派的影響

自由同任何制度或總體聯繫起來，而是界定個體與社會之間的「非同一性」（並側重其緊張關係）。對有組織反抗和制度政治的關注半途而廢，取而代之的是一種審美——哲學式的批判，就霍克海默而言是準宗教式的「對全然的他者的渴望」。法蘭克福學派依舊採用承襲於黑格爾和馬克思的方法。其政治上最保守的成員依然認為主體性受困於其抵制的東西：商品形態、大眾文化以及官僚社會。但他們對普遍性主張、哲學基礎和固化的敘述方式提出了新的懷疑。

「否定辯證法」（negative dialectics）預見到許多與後現代主義和後結構主義有關的問題。事實上，它們如今甚至經常被視作批判理論的表達。解構主義或後結構主義方法湧入最具聲望的刊物以及從人類學、電影到宗教學、語言學、政治學等多個學科。它們帶來了有關種族、性別和後殖民世界的新見解。然而在此過程中，批判理論失去了對社會做出綜合性批判、對一種有意義的政治學進行概念化以及提出新的解放理想的能力。文本解釋、文化執著以及形而上學爭論越發使批判理論成為其自身成就的犧牲品。結果是一場持續的認同危機。

如今，批判理論家必須回顧過去以便向前發展。法蘭克福學派豐富了我們關於家庭、性壓抑、教育學、種族滅絕、娛樂、文學分析以及眾多其他問題的理解。對於經濟、國家、公共領域、法律和全球生活中顯著的權力失衡，批判理論也有一些能帶來教益的東西。即便

那些對啟蒙運動批判性最強的思想家，也為啟蒙運動的合理辯護提供了重要依據。自由主義和社會主義也是如此。闡明壓迫的環境、開闢反抗途徑以及重塑解放理想，依然屬批判理論的範疇。要使一個新的全球社會中的變革前景更為突出，就需要新的政治視角。如今的問題是對批判理論的既定形態採用批判方法。這是順理成章的。只有通過這一方式，才可能對批判事業最初的精神保持忠誠。

第一章
法蘭克福學派

　　社會研究所創立於1923年。這個最早的馬克思主義思想庫從一個力爭解決俄國革命後工人運動面臨的實際問題的馬克思主義研究小組成長起來，得到了赫爾曼·韋爾(Hermann Weil)的資助。他是一位見多識廣的商人，在阿根廷穀物市場上大發其財。這筆資金是在他的兒子費利克斯的敦促下給出的，後者自認為是「客廳裏的布爾什維克」。

　　韋爾(Felix Weil)的密友包括格拉赫(Kurt Albert Gerlach)。作為社會民主主義者和經濟學家，他本可以成為研究所的首任所長。然而，格拉赫不幸死於糖尿病。格呂堡(Carl Grünberg)於是代之接管。他創辦了研究所的第一份正式出版物《社會主義和工人運動史文庫》，其中發表了許多重要作品，包括柯爾施的《馬克思主義和哲學》(1923年)。加入格呂堡行列的有格羅斯曼(Henryk Grossmann)、波洛克(Friedrich Pollock)、斯特恩伯格(Fritz Sternberg)和魏特夫(Karl August Wittfogel)。他們都是共產主義者。他們依然懷念1918–1921年間的民主工人委員會，也設想建立一個德意志蘇維埃共和國。他們的

思想工作提供了有關資本主義的崩潰、國家的新角色以及帝國主義的大量不同觀點。但這個群體隨後消失在幕後，研究所的總體方向也在1930年發生轉變。就在這一年，霍克海默組成新的核心集體，作為法蘭克福學派逐漸為人所知。

核心集體

霍克海默出生在斯圖加特附近一個富有的猶太商人家庭。他在早年求學時期並無過人之處，於是離開高中，在父親的紡織廠做學徒。然而，在1911年，他結識了波洛克，波洛克將他引入哲學和社會科學，並成為他一生的朋友。霍克海默在一戰後完成了高中學業。他淺嘗共產主義，在法蘭克福大學期間學習了眾多科目，最終寫成一篇關於康德《判斷力批判》（1790年）的學位論文。

霍克海默在擔任所長之前很少發表作品。這在希特勒1933年勝選後發生了變化，他當時正忙着將研究所從法蘭克福遷往日內瓦，隨後搬到巴黎，最後遷址於紐約市的哥倫比亞大學。他在20世紀30年代的文章致力於將批判理論與其哲學上的競爭對手區分開來，同時闡明自由資本主義如何通過建立極權主義的心理、種族和政治基礎背叛了它的初衷。其他討論大眾文化、工具理性和威權國家的作品為阿多諾和霍克海默的經典著作《啟蒙辯證法》（1947年）鋪平了道路。霍克海默的想法在數年

圖2　法蘭克福學派的三位領軍人物：霍克海默(左)、阿多諾(右)和哈貝馬斯(後)。這是他們唯一的一張合照

間無疑發生了變化。然而，他始終專注於苦難的影響和個人經驗的解放的可能性。

霍克海默也一直是跨學科研究的擁護者。在他的領導下，法蘭克福學派試圖彌合規範性理論與經驗性工作之間的鴻溝。他在1930年的就職演講強調了這一目標，甚至在流亡期間，霍克海默還為美國猶太人委員會編輯了一部多卷本跨學科研究課題，即「偏見研究」叢書。它包括馬辛（Paul Massing）出色分析德意志帝國反猶主義社會根源的《破壞的綵排》（1949年）；洛文塔爾（Leo Lowenthal）和古特曼（Norbert Gutermann）的《騙人的先知們：美國煽動者的手法研究》（1950年）以及阿多諾和一眾研究者的經典著作《權威人格》（1950年）。

俄國革命和德國1919年「斯巴達克團」反叛點燃了霍克海默對於激進主義的熱情。但斯大林的清洗和恐怖機器的出現造成了嚴重的後果。霍克海默最終不僅與共產主義決裂，也與馬克思主義分道揚鑣。甚至在將研究所遷回德國並於1951–1953年擔任法蘭克福大學校長之前，他在政治上便已經轉向右翼。霍克海默最終反對阿爾及利亞的反帝國主義鬥爭，支持越南戰爭，並且斥責1968年的抗爭。

這一時期，他對於否定苦難的關注發生新的轉變。通過回顧禁止描繪神性的《舊約》，他開始相信，此時或許只有通過對現實的全盤否定和對解放的渴望，才能保存反抗觀念。神聖性——或者更進一步說是超脫塵

俗——成為對抗世俗的優勢。他將對啟蒙運動的批判推向極致。朋友們注意到他對天主教興趣漸增。理論與實踐之間的所有聯繫都被斬斷。當霍克海默在78歲離世時，批判理論已然岌岌可危。

弗洛姆在早期便是霍克海默的一位密友。弗洛姆的專長是心理學，但他也深諳神學問題。事實上，他與第一任妻子弗里達·賴希曼在柏林建立的精神分析研究所就被稱為「摩西五經治療所」。弗洛姆是一位多產的作家並且在思想上勇往直前：他是將西格蒙德·弗洛伊德的思想與馬克思的思想聯繫起來的先驅之一。然而，弗洛姆如今沒有得到足夠的重視。他留名於世通常是由於他那些更具學術性的批評家眼中的「如何」書，如《愛的藝術》（1956年，為大眾文化表現愛的方式提供了一種負責任的替代選擇）；「樂觀」書，如《人心》（1964年，抗衡對於西方文化的憤世嫉俗的攻擊）；以及所謂的關於國際事務的粗淺研究，如《人性會佔優勢嗎》（1961年，明智地呼籲禁止核武器並緩和冷戰思維）。弗洛姆的《逃避自由》（1941年）因對於極權主義的透徹分析而被人們銘記。但他在《人類的破壞性剖析》（1973年）中所作的重要研究卻被不公平地遺忘了。

弗洛姆在一個正統的猶太家庭中長大，從孩提時期便受教於博學的拉比，如尼赫邁亞·諾貝爾，尤其是薩曼·巴魯克·拉賓科。他的學位論文是《猶太律法：猶太離散社群的社會學研究》（1922年），討論宗教主題的

最早作品包括《安息日》（1927年）以及帶有馬克思主義轉向的《基督的教義》（1930年）。儘管他在20世紀20年代接受了無神論，但對於宗教提供的心理訴求和道德衝動的興趣從未完全消失，他在《像上帝一樣存在》（1967年）中對《舊約》做出的人文主義的新詮釋則引起了公眾的共鳴。弗洛姆發展「唯物主義心理學」的嘗試折射出批判理論對全面社會轉型的最初承諾。對精神分析的實踐性的強調，以及與反抗壓迫和促進人文主義價值觀的聯繫，成為他職業生涯的標誌。

弗洛姆於1962年協助創辦了墨西哥精神分析協會，並成為拉美精神分析學發展歷程中最具影響力的人物之一。弗洛姆堅決反對越戰和美國的帝國主義，支持無數進步事業，提倡一種非官僚主義的參與式「社群社會主義」。他無疑也是法蘭克福學派中最有文采和最清醒的作家。弗洛姆最終在1940年同研究所決裂。核心集體中的其他成員顯然豔羨他的名氣，儘管也與他存在合理的政治和哲學分歧。直至人生的最後階段，他與研究所昔日的任何一位夥伴幾乎都沒有聯繫。然而，如同法蘭克福學派的任何一位成員，弗洛姆一直忠於批判理論的具體環節、人文精神和變革目標。

他的唯一一位真正的競爭對手是對新左派產生思想影響的馬爾庫塞。馬爾庫塞的政治履歷可以回溯至青年時代參與1918–1919年的斯巴達克團反叛（Spartacus Revolt），1941年至20世紀50年代他供職於戰略情報局，

在制定美國對西歐的政策中發揮了重要並且具有進步性的作用。他早期的文章試圖將歷史唯物主義與「歷史性」或個人可藉以體驗社會現實的現象結構銜接起來。類似的關注貫穿於《黑格爾的本體論與歷史性理論》(1932年)之中，該書為黑格爾在歐洲的日漸復興做出了貢獻，而《理性與革命》(1941年)對這位偉大思想家同批判理論的關係提供了一種影響深遠的解釋。馬爾庫塞也撰寫出版了一些出色的論文集。他始終瞭解藝術展現出的烏托邦潛力，但依舊關注實際的反抗形式，設想脫離既定秩序。不過，他這些理論上的冒險得到了各類社會學和政治學研究的補充。

1933年加入社會研究所之後，馬爾庫塞對自由主義國家、壟斷資本主義與法西斯主義的關係以及共產主義的衰退提出了疑問。他後來的著作預見了向發達工業社會的異化做出回應的新的社會運動。他對1968年的變革前景保持樂觀，也想像到隨之而來的保守派的反應。幸福意識、壓抑性的去崇高化以及大拒絕等概念都是由他傳播開來的。他的代表作《單向度的人》(1964年)真正意義上將批判理論帶到美國，通過它的引文將許多年輕的知識分子引入法蘭克福學派。馬爾庫塞始終認為自己是在歷史唯物主義的傳統中做研究的。但他在方法上是靈活的，並且是文化轉型的預言家。馬爾庫塞向美國以及世界許多地區的一代青年激進人士展示了批判理論激進的政治要素。

相形之下，本雅明在美國一直不為人知，直至傑出的政治理論家漢娜‧阿倫特(Hannah Arendt)在《紐約客》發表了一份對他的介紹並將他的一批高質量的文章編輯為論文集《啟迪》(1969年)。在此之後，本雅明作為才華出眾且洞若觀火的獨特的思想家開始受到敬仰。他的另外一部文選《沉思》(1986年)強化了這種評價。本雅明的著作包括最初於20世紀30年代作為一系列報刊文章出現的親切的自傳體作品《單行道》(1928年)和《1900年前後柏林的童年》(1950年)、題為《德國悲劇的起源》(1928年)的有關巴洛克藝術的抽象研究以及擁有幾千處引文並為理解現代性提供了一座真正的鏡廊的未完稿《拱廊計劃》(1982年)。20世紀70年代晚期，隨着後現代主義和其他形式的哲學主觀主義在美國得到新的普及，本雅明的名望迅速達到史無前例的高度：研究論著大量湧現出來，他的《作品選》的每一卷幾乎都成為學術暢銷書。

　　本雅明來自一個富裕的猶太家庭，是家中兩個男孩之中的一個。他生於柏林，1919年在伯爾尼大學獲得博士學位，隨後成為流浪作家，從未有過一份穩定的工作。這給人一種感覺，即本雅明是夢想家的化身——這個不切實際的人有着使他超脫塵世的想像力。其作品的標誌是專注於語言的可替換性、記憶的本質以及日常生活中看似平凡的經歷，如吃飯、講故事和藏書。本雅明相信，所有這一切都突顯了更為廣泛的社會趨勢。他那

些明確屬政治範疇的著作並無創見，以1926–1927年的莫斯科日記為例，它們對他所處時代的重大事件幾乎沒有提出深刻見解。但當他研究波德萊爾（Charles Baudelaire）的詩作、歌德的《有選擇的親和性》或卡夫卡和普魯斯特的小說時，情況就不一樣了。本雅明關於建築、攝影、浪漫主義以及翻譯的文章同樣如此。他那些探討現代性對於個人體驗和日常生活的審美影響的文章，很是吸引人並具有煽情性。

受童年時期的朋友、日後成為猶太神秘主義傳奇學者的肖勒姆（Gershom Scholem）以及馬克思主義劇作家布萊希特（Bertolt Brecht）的影響，本雅明試圖將彌賽亞思想與對歷史唯物主義日漸濃厚的興趣融合起來。他反對科學社會主義的決定論，對它將無階級社會轉變為不可企及的理想心懷蔑視，他所關注的是喚回現實的形而上學經驗，並最終喚回未實現的烏托邦式的歷史可能性。這一事業因無法闡明解放的障礙以及根植在他的總體思想中的不一致性和互相排斥的假設而受到干擾。但毫無疑問，本雅明繼續啟迪、挫敗並教導着尤其是年輕的不受陳規約束的激進知識分子。他的著作在遍佈「廢墟」的年代喚起了流亡，而他在1940年試圖逃離納粹對法國的入侵時悲慘的自殺給他的人生打下了尤為戲劇化的烙印。

本雅明僅有的一名學生阿多諾體現了法蘭克福學派的跨學科理想和歐洲知識分子的形象。他似乎無所不

知──而且比所有人都更清楚。阿多諾同樣出生於一個資產階級家庭，父親是猶太人，母親是意大利人。他於1924年獲得博士學位。作為曾經受教於偉大作曲家貝爾格（Alban Berg）並深受勛伯格（Arnold Schönberg）影響的音樂學家，阿多諾在20世紀20年代和30年代編輯過一本音樂雜誌，後來為托馬斯·曼《浮士德博士》（1947年）的音樂理論章節提出過建議。繼經典著作《新音樂的哲學》（1949年）之後，他還對貝多芬、理查德·瓦格納以及馬勒等偉大作曲家進行了闡釋。

阿多諾也是一位敏銳的文學兼詩歌評論家，並且可以說擁有那個時代最耀眼的哲學頭腦。他專注於否定辯證法概念，深深懷疑所有體系和對於敘事的傳統理解，決心闡明文明固有的缺陷性，並拒絕任何將個體與總體聯繫起來的嘗試。

阿多諾將這些主題編織到他自己那包羅萬象的哲學敘事之中。但他也從事實證研究。阿多諾關於廣播電視的研究闡明了公認的簡單娛樂的意識形態影響，對其關於現代社會的權威和順從趨勢的研究做出了補充。他還是撰寫論文的真正高手。他的《論流行音樂》（1932年）揭示了商品形態對體裁的影響，而他對於貝克特、卡夫卡和普魯斯特的深刻且新穎的詮釋以對經驗的重新理解顯示了他更為廣泛的興趣。

阿多諾不時論及政治問題，但他始終畏懼群眾運動。否定本身就具有價值，他將反抗等同於維持個體和

社會之間的「非同一性」。阿多諾對當代有關批判理論的各種理解產生的影響是無與倫比的。沒有哪位思想家能更好地展示對自由之光的堅定信奉。

哈貝馬斯也有必要稍作提及。霍克海默和阿多諾這位最傑出的學生成為法蘭克福學派所有思想家中最多產的一位。他的著作涉及社會生活的所有方面，包括宗教，而他的論文從對哲學典籍的闡釋延伸到對當代問題的評論。如果說他的早期作品曾對批判理論做出過重要貢獻，那麼他的思想路徑最終卻將他引向新的方向。

法蘭克福學派其他成員未曾有過的納粹主義之下的成長經歷，使哈貝馬斯對法治和自由民主深信不疑。他對話語操縱和「未失真的溝通」(undistorted communication)的重要性的關注，也帶有這種特徵。這些主題貫穿在他的所有論著之中。作為20世紀60年代學生運動中的重要人物，儘管從未參加任何極端主義派別，他早期的作品還是提供了關於歷史唯物主義、制度合法性以及理論與實踐關係的批判性思考。相比之下，哈貝馬斯隨後的作品越來越多地陷入分析哲學。它們堅持要求有根據的主張、形成系統論證並提供關於自然和科學本體論特徵的描述。一項持續的爭論是，它們在多大程度上遠離了批判理論。事實上，要做出這個判斷，就需要考察使最初的事業充滿生機的那些動力。

尾聲

　　法蘭克福學派的特點在於多樣性的統一。核心集體的每一位成員都與眾不同。每位成員都有其特殊的興趣以及獨特的思想優勢和缺陷。但他們都專注於同一組主題和問題。核心集體中的成員都未曾將自由與任何體制、集體或傳統聯繫起來——他們也都對擁護既定秩序的思維模式表示懷疑。他們都試圖通過引入新範疇去解決新問題。他們手中的批判理論以思想上的大膽和實驗性為標誌。對於他們而言，最主要地，批判理論始終是個方法問題。霍克海默說得很清楚，他寫道：「批判理論在其概念的形成和發展的各個階段都非常自覺地使人類活動的理性組織成為其關注點，其任務是加以闡釋並使其獲得正當性。因為該理論不僅關注既定生活方式所強加的目標，也關注人及其全部潛能。」

第二章
方法問題

　　批判理論在1937年才作為一個術語被提出來。法蘭克福學派當時正流亡於美國。其成員擔心來自新家園的政治排斥，同時設法對研究所加以保護，便採用這一術語作為掩護。批判理論畢竟是在西方馬克思主義的框架內產生的。研究所的代表人物包括格盧卡奇和卡爾·柯爾施等共產主義者——他們從一開始就加入了研究所。布洛赫(Ernst Bloch)也顯著地融入了這一傳統。1917年布爾什維克取得政權，連同1918-1923年歐洲激進起義帶來的鼓舞使他們獲得了啟發。

　　這些激進知識分子支持工人階級採取直接行動，對議會改革主義表示懷疑，強調意識形態在維護資本主義中扮演的角色，也強調階級意識對於推翻資本主義的決定性作用。他們突出了哲學唯心主義為歷史唯物主義留下的遺產，以及黑格爾和馬克思之間的關聯。西方馬克思主義者無須談論文本正統或歷史唯物主義的固有性質。盧卡奇在其巨著《歷史與階級意識》(1923年)中簡明扼要地闡述了這一問題，為後來對於批判理論的全部理解奠定了基礎：

為了方便討論，我們不妨假定近期的研究徹底駁倒了馬克思的每一個個別的論點。即使這一點得到了證明，每一位嚴肅的「正統」馬克思主義者仍然可以毫無保留地接受所有這類新結論……正統馬克思主義不意味着不加批判地接受馬克思的研究結論。它不是對這個或那個論點的「信仰」，也不是對某本「聖」書的注解。相反，正統僅僅是指方法。[1]

盧卡奇在一戰之前已經是匈牙利文化現代主義的傑出人物。他很快就成為共產主義運動中或許是最傑出的知識分子。《歷史與階級意識》是西方馬克思主義影響深遠的作品，它啟迪了批判傳統中的幾乎每一位主要思想家。不過，很容易理解盧卡奇、柯爾施以及其他西方馬克思主義者為何在1924年共產國際第五次代表大會上遭到指責。他們的著作折射出革命的英雄歲月：其工人協會、文化實驗以及救世主式的期望。他們也將對社會的研究與對自然的任何探索截然分開，由此削弱了社會主義的科學版本的必然性。事實上，盧卡奇喜歡引用維科(Giambatista Vico 1668–1744年)提出的「歷史與自然的區別在於人類創造了其中之一，但沒有創造另外一個」。西方馬克思主義以

1　譯文參考盧卡奇：《歷史與階級意識——關於馬克思主義辯證法的研究》，杜章智、任立、燕宏遠譯，商務印書館1996年版，第47–48頁。

其烏托邦憧憬、對待既定哲學體系的批判態度以及堅決主張賦權於無產階級，體現出布洛赫所謂的「地下革命史」。

人類解放成為它的目標。批判方法決心以一切形式反抗「霸權」——這裏借用因葛蘭西的《獄中札記》（Antonio Gramsci 在他離世後，於1971年出版）而聞名的術語。葛蘭西是意大利共產黨創始成員之一，隨後在貝尼托·墨索里尼手下遭受折磨並在監獄中離世，他並沒有對法蘭克福學派產生重要影響，但他的作品使西方馬克思主義尤為引人注目。

他從根本上關注公民社會、其非經濟組織及其指導思想，強調主流文化如何造成被統治者的順從習慣。他堅持認為，要向工人階級賦予權力，就需要一種反霸權策略，並通過新的公民組織加強其自治能力。這樣一種策略需要的組織並不僅僅來自上層，或通過某種從民眾當中分離出來的固化的先鋒政黨，而是通過辯證地與無產階級聯繫在一起的有機知識分子的實踐工作。

這是西方馬克思主義者共同的基本觀點。他們都是激進人士。他們也都將歷史唯物主義解釋為一種實踐理論，它不應是描述性的，而應是禁止性的。他們的目的是澄清變革行動不斷變化的條件和前提。這一觀點致使馬克思主義機械式地將思想和範疇從一個時期延續到另一個時期變得不再合理。或者，換個說

法，他們使歷史唯物主義呈現出歷史性。

　　卡爾‧柯爾施在《馬克思主義與哲學》中對這一觀點做出了重要貢獻。他顯然是西方馬克思主義最不知名的代表，更多地將意識形態解釋為影響行為的生活體驗而不是對於經濟的某種反應。將權力賦予被剝削者有賴於覺悟、教育以及實踐經驗。俄國革命使柯爾施走向激進，他也受到蘇維埃和工人協會運動自發高漲的啟發，在其小冊子《什麼是社會主義化？》(1919年)中為激進的經濟民主譜寫了藍圖。他於1920年加入德國共產黨，1923年無產階級起義期間在圖林根擔任司法部長，1926年遭到清洗退出共產國際後，對有組織的流亡極左知識分子產生了重要影響。

　　《唯物主義歷史觀》(1929年)是對馬克思主義的所有科學理解的衝擊，而柯爾施從未放棄他對賦權於無產階級的必要性的信念。他的最後一部著作《卡爾‧馬克思》(1938年)是思想傳記的傑作。柯爾施堅持認為任何觀點都可能出於反動的目的得到解釋，他希望使共產主義革命實踐遵循其自身的理想，為此強調了「歷史特定性」在方法上的重要性。他對待馬克思主義並沒有不同於任何其他哲學形式。其特徵和運用在任何特定時間都從歷史背景下的組織利益、限制條件以及行動機會方面得到理解。它無法再作為官方信條，也不再是具有先驗主張的不可改變的體系。馬克思主義也有可能被操縱，乃至被批判。

霍克海默1937年的論文《傳統理論與批判理論》就建立在這些觀念之上。他沒有將新觀念視為已經完成的邏輯體系或一系列確定的主張。他致力於闡明自由的那些被忽視的面相，堅持認為現實具有歷史性構成特徵，對無產階級的解放使命已經產生懷疑，由此將批判理論設想成主流哲學範式的替代品。其他思想形態儘管自稱具有中立性和客觀性，卻被認為是對既存秩序的肯定。鑒於它們忽視了既存秩序的歷史性構成特徵以及替代性選擇的可能性（無論是有意還是無意），它們被視為對於其運作方式的辯護。

傳統理論因此不像其支持者傾向於認為的那樣不偏不倚或具有反思性。哲學話語之中隱藏着社會利益，僅僅是出於這個原因，既有方法就不能簡單地束之高閣。為了證明競爭的哲學觀的前提如何受到既存秩序的價值觀的侵蝕，內在批判是不可或缺的。

霍克海默借其影響深遠的論文《唯物主義與形而上學》（1933年）已經在這些方面回應了主流哲學的兩大流行類別。實證主義形式的唯物主義及其分支以源於自然科學的範疇和標準分析社會，被指責為無視主體性和道德問題。相反，形而上學被斥為忽略了物質世界的哲學意義並用普遍規則使個人——無論是通過康德所謂的「實踐理性」，還是海德格爾理解的現象學——沉溺於最終全憑直覺的道德判斷。

兩種看似對立的哲學觀被霍克海默視為同一枚硬

幣的正反兩面。其中每一種都機械地被其反對的另一種所界定。但它們對哲學基礎的全神貫注、用來解釋現實的不可改變的範疇以及用來檢驗經驗或真理主張的固化概念，是趨於一致的。可以確定的是，法蘭克福學派認為科學理性在兩者中貽害更甚。然而，其成員最初對雙方都予以了抨擊，因為它們都無視批判性思考、歷史以及烏托邦想像。

批判理論被作為一種整體性社會理論，它的動力在於對解放的渴望。它的踐行者們明白，新的社會條件會為激進的實踐帶來新觀念和新問題，批判方法的性質也會隨着解放的實質發生變化。因此，突出實踐的背景成為法蘭克福學派新的跨學科方法的核心關注點。這反過來導致其成員拒絕傳統的事實與價值之間的分離。

批判理論更多地將事實作為社會行動的具體的歷史產物加以對待，而較少作為孤立的關於現實的描述。目的是將對於事實的理解置於其獲得意義的負載着價值的背景之中。盧卡奇已將總體性範疇或馬克思所謂「社會關係的總和」置於歷史唯物主義的中心位置。總體性被視為是由不同部分組成的，經濟僅僅充當着其中的一個部分，其他部分還包括諸如國家以及自身可以劃分為宗教、藝術和哲學的文化領域。每一部分都由總體塑造，每一部分也都被認為具有其獨特的動力，並因此被認為影響到試圖改變現實的那些代

理人(如工人階級)的實踐活動。每一部分因此都需要認真對待。

弗洛姆在《精神分析與社會學》(1929年)以及《政治與精神分析》(1930年)中將這一觀點作為其出發點。這兩篇早期的論文指出了社會對自我構建具有何種影響、心理機制如何影響社會發展以及心理學可以在多大程度上為對非人道狀況的政治反抗提供幫助。弗洛姆也試圖呈現心態如何調節個人與社會之間的關係。

他最負盛名的作品《逃避自由》分析了資本主義社會的市場特徵及其施虐、受虐變體,以此作為對魏瑪共和國文化危機的具體回應。這部作品討論了現代生活的異化衝動,它導致人們渴望完全認同於一位領導者。他的唯物主義心理學於20世紀20年代晚期在《魏瑪德國工人階級》中得到了體現,這項宏大的實證研究論述了傳統觀念、家族關係以及社會生活對革命的階級意識的削弱。

批判理論重新引發了對於意識形態及其實際影響的關注。《歷史與階級意識》顯示出一種沒有意識到的階級立場如何阻礙甚至是資產階級思想巨人對於異化與物化的社會原因的討論。與此同時,柯爾施堅持認為,馬克思主義的所有變體都需要與任一特定時間點工人運動的發展聯繫起來加以看待。法蘭克福學派開始分析大眾文化、國家、反動的性習俗乃至哲學對

於意識的影響。對日常用品如何體現社會特徵以及一個時代的文化潮流的強調，很快引起其成員和夥伴的特別關注。批判理論試圖實現青年馬克思的訓令並投入「對現存的一切的無情批判」。其代表人物堅持認為，整體可以從部分來看待，部分也反映着整體。

例如，克拉考爾(Siegfried Kracauer)的《大眾裝飾》(1927年)注意到一個被稱為蒂勒女郎的舞蹈團(先於無線電城音樂廳火箭女郎)，其幾何造型和精心編排的動作如何反映出大眾社會中觀眾受到的約束以及個性的喪失。

本雅明和阿多諾的摯友、與法蘭克福學派偶有聯繫的克拉考爾創作的自稱為「社會傳記」的《雅克·奧芬巴赫和他的時代的巴黎》(1937年)着眼於反法西斯人民陣線，將這位偉大作曲家的音樂置於1832年議會抗爭的背景之下。與此同時，他的經典著作《從卡里加利到希特勒》(1947年)闡明了納粹主題如何日益滲透到魏瑪共和國時期的德國電影當中。

另一些思想家也緊隨其後。本雅明的《說故事的人》(1936年)將口述傳統的流失和歷史經驗的岌岌可危與現代社會複製藝術的新的技術可能性聯繫起來加以討論。阿多諾的《抒情詩與社會》(1957年)對通常被認為與外在力量相隔絕的詩歌體裁的意識形態殘餘進行了新穎的闡釋。與此相似，利奧·洛文塔爾認為電影明星日益缺乏個性反映了其文集《文學與大眾文

圖3　蒂勒女郎的舞蹈擺出整齊劃一的幾何造型，似乎折射出現代社會不
　　　斷強化的管治與標準化

化》（1984年）中提出的商品形態日漸加強的力量。他還在《文學與人的形象》（1986年）中透過主要文學人物，對資產階級心態的產生進行了簡明的社會學探討。

所有這些著作都體現出知識社會學的影響，其領軍人物卡爾·曼海姆（Karl Mannheim）曾在社會研究所舉辦研討會。他的主要作品《意識形態與烏托邦》（1931年）認為，即便最為普遍和最具烏托邦色彩的思維模式都是意識形態的，因為它本身就反映着特定社會群體或階級的利益。只有「自由浮動的知識分子」才被曼海姆（他深受盧卡奇的影響）視為有能力把握總體性。霍克海默在《哲學的社會功能》（1939年）中對所有這一切進行了討論。他反對將哲學機械地簡化為社會學，然而重要的是，他避免直接面對自由浮動的知識分子這種想法。這才是有意義的。霍克海默對研究所的政治獨立引以為豪。他還主張，對於意識形態的批判需要採用思辨的標準，以此判斷觀念如何表達特定的社會利益。其對文化現象的評判既依據它們如何為既存秩序做出辯護，也根據它們如何對消除剝削和苦痛予以抵制。

我們可以認為，批判理論提供了一種具有變革意圖的知識社會學版本。馬克思曾將資本主義理解為工人階級在其中充當財富（或資本）生產者的經濟制度。如果只是由於這個原因，無產階級也就是唯一能夠改

變這種制度的力量。然而，馬克思和恩格斯在《共產黨宣言》(1848年)中堅稱，只有統治階級的成員脫離出來並加入被統治者的鬥爭，革命才有可能實現。只要工人階級還受困於資本主義，而物質上的苦難阻礙着它的覺醒，資產階級知識分子就需要為無產階級提供對於資本主義的系統批判以及關於其革命可能性的意識。列寧吸取了激進的含義。

　　法蘭克福學派在20世紀30年代是同情共產主義的。其成員尚未對技術理性進行直接的批判。他們滿足於指出，工具理性的主導地位僅僅是資本主義社會關係的一種表現。然而，隨着共產主義轉向極權主義，法蘭克福學派的幻想破滅了，進而加強了對於物化過程的批判。誘發第二次世界大戰的1939年《蘇德互不侵犯條約》成為無法承受的最後一擊。實踐已然背叛了理論。歷史唯物主義的目的論主張此時似乎如同唯心主義的道德律令一樣失去了價值。社會變革不再是問題所在。極權主義使保存個性成為批判理論關注的中心。

　　新的動力和反抗形式必不可少。霍克海默早期的格言集《黎明》早已將移情和同情解釋為採取行動的具體需求和道德衝動。他的想法與大衛・休謨曾對康德哲學提出的批評是一致的：這位偉大的蘇格蘭哲學家斷言，動物應當受到保護並非由於它們會思考，而是由於它們遭受了苦難。情感體驗因此被理解為反抗

和解放的源泉。本雅明寫到超現實主義憑藉其對無意識的力量的倚賴，如何引發了一種革命「陶醉」，回應着令人麻木的「內心貧乏」。

阿多諾對其《最低限度的道德》(1951年)給出的副標題是「殘生省思」。愛和自我實現在弗洛姆後期的作品中扮演着更加深刻的角色，馬爾庫塞最終在《論解放》(1972年)中形成了「新感性」這一思想。法蘭克福學派此時正致力於恢復個人生活中被壓抑的潛能。

對暴行的蔑視和對正直生活的渴望激發了法蘭克福學派的思想活動。它的所有成員都不僅對消除社會不公，還對消除苦痛的心理、文化和人類學根源表現出明確的興趣。這項事業的思想支持來自眾多源頭。法蘭克福學派大膽地嘗試將不同思想家的深刻見解吸收到歷史唯物主義的框架當中。其成員要麼將希望寄託於弗洛伊德可能支持他們對文明的批判的元心理學，要麼寄希望於他在臨床工作中形成的真知灼見。此外，法蘭克福學派的領軍人物如同他們這代人一樣，也受到尼采，包括其對主體性的恢復、其「透視」方法、其對現代主義的貢獻以及對文化市儈的尖銳批判的啟發。這些思想家有助於深化法蘭克福學派的哲學觀和文化觀。他們的觀點是否在邏輯上符合某種預設的歷史唯物主義體系，被認為是無關緊要的。

事實上，本雅明試圖將馬克思主義的革命承諾納入神學術語的框架之中，以對其進行重塑。在他1940

年離世前不久撰寫的《歷史哲學論綱》中，彌賽亞可以隨時出現；緊急狀態和制約因素在耐人尋味的「此時此刻」（Jetztzeie）的可能性之前讓位；革命成為一種末日審判式的「朝向廣闊歷史天空的一躍」。他沒有指出這一切如何實現——甚至具體暗示着什麼。意象戰勝了現實：想像信馬由韁。拯救歷史被遺忘的瞬間此時成為批判的目標。本雅明將歷史設想為「不斷堆疊殘骸的一整場災難」。只有站在救世主式的唯物主義立場，這場災難的碎片才是可以拯救的。

　　肖勒姆稱他的朋友是「被放逐到世俗王國中的神學家」，此話正中要害。本雅明的研究留下的與其說是一種明確的方法，毋寧說是將經驗的神學改造同歷史唯物主義的革命內核相融合的註定失敗的嘗試。他經常採用現代主義的技巧，也受到對於主體性的強調的啟發，這不僅來自表現主義和超現實主義，也來自浪漫主義和巴洛克風格。他的規勸，即「永不忘記最好的」，同時結合了「打亂歷史」的想法。棄置的碎片揭示出對未闡明的狀況施以末日拯救的可能，這可能隨時發生——或者更有可能永遠不會發生。

　　日常生活成為烏托邦的素材，任何先入為主的計劃或一套普遍概念都不足以決定它。烏托邦源於充滿想像力地想要重塑本雅明所謂的歷史「垃圾」——被遺忘的林蔭大道的樣貌、郵票、兒童文學、進餐、書籍收藏、大麻帶來的歡愉、向時鐘射擊的革命者的記

憶。蒙太奇和意識流最適合產生一種「革命陶醉」，
這種「革命陶醉」導致1789年那些激進的街頭戰士的
確朝頭頂上嵌入塔樓的時鐘開了槍。現實本着對未來
的救贖改變了它的樣貌。充滿想像力的願望——原本
是神學的——打破了歷史的物質限制。每一個時刻都
是彌賽亞可能會通過的大門。

問題在於如何最好地開啟它。要記住最好的，就
需要一種明確的解釋學方法，它基於這樣一種假設：
「寓言之於語言，猶如廢墟之於事物。」文明提供的
僅僅是烏托邦必須拯救之物的暗示和線索。與保羅·
克利的著名畫作《新天使》（1920年）相契合，歷史大
使面朝過去，卻被推向未來。本雅明擁有這幅畫作並引
以為榮。這幅畫最終成為左派的象徵。本雅明在他的
《歷史哲學論綱》中以如下方式描述了這位天使：

> 他的臉朝向過去。在我們發現一連串事件的地方，
> 他看到了一整場災難，災難使廢墟不停地層層堆疊
> 並將它們拋向他的腳前。天使想要停下來，喚醒死
> 者，並將破碎的修復完整。但一陣風暴正從天堂吹
> 來；風暴卷着他的翅膀，力量大到天使再也無法將
> 它們合攏起來。風暴不可抗拒地將他推向他背對着
> 的未來，他面前的那堆殘骸直聳雲天。這場風暴就
> 是我們所謂的進步。[2]

2　譯文參考阿倫特編：《啟迪：本雅明文選》，張旭東、王斑譯，牛津
　　大學出版社，2012年版。

救贖此刻成為烏托邦的鑰匙。通過在廢墟邊搜尋並以殘渣碎屑點燃想像，批判喚醒了歷史所遺忘的。總體性這時讓位於並置的經驗事實的「星群」，它闡明了某個特定的主題或概念，觀眾必須為這個主題或概念提供不斷變化的聯繫和解釋。本雅明離世後出版的未完成的《拱廊計劃》就表達了這一觀點。它嘗試交出一部「現代性初史」，通過提供數以千計沒有作者評論的引證，呈現出一種超然的敘事，這種敘事由碎片構建起來，並以對讀者的渴望不斷變化的凝視來加以塑造。這些引證存在於經驗「水平」當中，似乎不受強加的外部範疇的影響，構成了宏大的蒙太奇。如果全面管制的社會通過思想的公式化對其加以規範，那麼救贖就無法在簡單的敘事形式中找到。只有格言或片段容得下易逝的瞬間，在這瞬間之中，烏托邦的閃現可以被照亮。折中的總體性讓位於成為批判理論組織原則的個體構建的星群。

1931年，阿多諾在作為研究所就職演講的《哲學的現實性》中以其挑戰了黑格爾和馬克思的總體觀。可能形成關於被呈現之物的共識的結構化敘事或統禦一切的邏輯，是星群不予提供的。每一位觀眾都可以在碎片上留下解釋性的標記，如同他/她正在看着一幅拼貼畫或超現實主義畫作。本雅明的《拱廊計劃》使星群更加清晰。他對現代性的解釋是對一個看似完整

的世界的理性假設的質疑，這個世界實際上是由分裂和混亂主導的。

批判理論改變了關注點：它此時的目標是從個人融入其中的思想沉睡中將他/她喚醒。主體性不再被認為與任何範疇是一致的，也不再被認為能夠被任何範疇加以界定。比如，在《本真的行話》（1964年）中，阿多諾強調，甚至存在主義現象學也致使經驗標準化，而本體論意義上的結構化直覺——尤其是那種與瀕死和死亡有關的直覺——以個體化代替了個體性。將經驗從批判思考中分離出去為意識形態創造了空間，也削弱了抵抗阿多諾所謂的「虛假條件的本體論」的能力。本雅明和阿多諾對體系、邏輯和敘事的抨擊是有代價的：它摧毀了形成道德和政治判斷標準的能力，因而使批判理論有可能陷入相對主義。

在《現代性的哲學話語》（1987年）中，哈貝馬斯試圖解決這些哲學問題。他質疑對於自由浮動的反抗的主體性的強調，堅持認為任何真正的社會批判理論都需要明確的基礎。最好依靠語言的結構——或交往行為——為相互性、反思和普遍性奠定基礎。但這種形式的批判為擁護既定體制的哲學形式提供了過多的理由。它依然停留在分析性的問題中——這種觀點仍然被它應該反對的東西所界定。

馬克斯・韋伯（Max Weber）是在總體上對批判理論，尤其是對法蘭克福學派影響最大的學者之一。他

從未撰寫過一部充分闡述他的方法的著作，關於其特徵的討論仍在繼續。美學和哲學迷戀在我們所謂的後形而上學時代塑造了批判理論，而韋伯對於以形而上學對待實際問題的合理的懷疑成為對這些迷戀的有益糾正。事實上，據說韋伯在晚年說道：「方法是所有問題中最為無效的……任何事情都不是單靠方法就能實現的。」他是正確的。法蘭克福學派最初自認為表達了注入批判性思維、一種具有想像能力的新形式的唯物主義形式，以及反抗日漸官僚化的世界的前景。但越來越不清楚的是，它的思辨性研究想要滿足的實際目標是什麼。對於反抗的理解日益模糊。似乎實際的利益衝突、真正的權力失衡在由異化和物化界定的總體中正在煙消雲散。

第三章
異化和物化

　　1932年，思想界發生了一件非同尋常的大事。這一年，馬克思的《1844年經濟學哲學手稿》終得出版，與之相伴的是研究所《社會研究雜誌》上馬爾庫塞的一篇出色的評論。這部作品集由莫斯科馬克思——恩格斯研究所所長梁贊諾夫（David Ryazanov）從所裏夾帶出來，鑒於當時的政治氣候，他顯然是冒着生命危險。這些手稿，連同青年馬克思的其他著作，很快就獲得了國際聲譽。它們在整體上證明了西方馬克思主義，特別是盧卡奇的許多觀點。

　　青年馬克思的作品顯示出一種烏托邦特質。它們優先關注人類苦難的人類學和存在主義因素，而不是單純經濟性的資本主義剝削。異化的根源在於無法把握歷史的運行並使其順從於人類的控制。勞動分工即體現出這種情況。它使工人們日益遠離他們生產的產品、一同勞動的同伴以及——最終——他們作為個體的可能性。因此，消滅私有財產本身不是目的，僅僅是取得歷史控制權的踏腳石。

　　青年馬克思提供了一種末日審判式的視角。自由

主義國家中的政治解放服從於解放人類的理想，這是一個沒有階級的生產者的自由聯合體。促進個體自主性——或許是革命的資產階級特有的道德目標——被融入對於實現「類存在」這一新的群體性和有機性概念的關注之中。改善匱乏或者說「貧困」的世界中的勞動條件，讓位於「向自由王國的飛躍」。異化，同時也包括未言明的物化，此時成為激進行動的靶子。諸如此類的想法改變了關於馬克思主義的普遍理解，使共產主義政權甚為窘迫，對於法蘭克福學派的啟發不亞於1968年的激進知識分子。

苦痛的根源

異化有着漫長的歷史。它同烏托邦的聯繫在《聖經》中有關逐出伊甸園的部分就已出現。失樂園的故事要早於商品交換世界失去目標。《聖經》的寓言不失為人性墮落的佐證，也解釋了為什麼人們被責罰「要用他們額頭的汗水賺取麵包」。它還說明了個人之間的信任為何已經喪失，自然緣何以敵人的面目出現，更有趣的是，救贖何以是可能的。團結與和諧遭到放棄。亞當和夏娃展示了自由意志。他們被逐出伊甸園是自討的——原因是向邪惡屈服。或許不同的選擇能帶來天堂的重建。普羅米修斯也許曾試圖實現這願望：他成為馬克思喜愛的神話人物是有原因的。但

邪惡的神祇因普羅米修斯的自大懲罰了他，正如那些試圖修建巴別塔的人們也確切無疑地受了罰。

天堂總是與伊甸園聯繫在一起。伊甸園是確保人與自然有機聯繫的世界。藝術與科學、財富以及技術可以孕育文明，但如同讓–雅克·盧梭在他的《論藝術與科學》(1750年)中提出的著名觀點，它們破壞了有機共同體，造成了人與自然之間的對立關係。人為的需求由此被創造出來，腐蝕了正直、淳樸、仁愛、誠實等自然美德。只有徹底重建的社會才可能恢復這些價值觀，同時克服人們經受的孤獨和無意義感——以及死亡的前景。

從聖奧古斯丁到盧梭等眾多思想家，特別是浪漫主義者中盧梭的追隨者都探討過這些主題。對於基本思想最好的表達或許來自荷爾德林(Friedrich Hölderlin)，這位深受後來的批判理論家們敬愛的青年黑格爾的密友在《許佩里翁》(1795年)中寫道：

> 你看到的是手藝人，但不是人；思想家，但不是人；牧師，但不是人；主子和奴才，少年和成人，但沒有人——這難道不像是在一處戰場，手、胳膊和身體肢解得橫七豎八，血肉模糊，肝腦塗地嗎？[1]

1　譯文引自荷爾德林：《荷爾德林文集》，戴暉譯，商務印書館1999年版，第115頁。

然而，首先對異化做出系統分析的是黑格爾。他認為，異化存在於人類遠離其規範性目的而其創造物不受其意識控制的情況之下。世界歷史是意識所遭受的恥辱，其目的是重新適應人類無意中創造的東西。把異化植根於意識的結構中，可以看作是將意識與現實隔離開來。但黑格爾對潛藏在客觀世界背後的主體力量的認識表達了唯心主義的基本願望，即疏離的世界應該被轉變為人的世界。黑格爾的主要關注點在於社會活動以何種方式逃脫意識的方向，以及歷史可以說是在人類背後以何種方式發生。

文明整體生而覆亡，結果與意圖背道而馳，精神生活和政治活動最好的成就都付出了血的代價。黑格爾將歷史視為「屠宰台」，儘管人類自由的實現是註定的。這樣一個領域可以如此界定：其中的每一個個體依據他/她自身被完全視為一個主體。普遍的互惠最終體現在法治的官僚國家、以所有人自由平等進入的市場為基礎的公民社會以及每一個主體都在情感上得到接納的核心家庭之中。理性推舉出這樣一個無所不包的互惠領域，因為黑格爾認為，作為理性最高化身的哲學從蘇格拉底時代以來便體現出普遍性。

消除異化於是涉及拯救歷史的苦難，黑格爾將其稱為「絕對精神的骷髏地」。但他並不是烏托邦主義者。實現自由是目的論過程的頂點，在其中，專斷地行使權力在一個法治的新國家中遭到否定。在個人

依然必須面對其死亡的情況下，即便在「歷史的終點」，衝突和生存異化依舊存在。憲政國家只是創造了一個空間，他們在其中終於可以專注於私人的事務而不受外界干涉。但異化和物化仍舊存在於公民社會剝削性的階級關係之中。

黑格爾的思想仍然停留在國家層面。這不僅僅是由階級利益導致的。他沒能根據異化的根源存在於資本主義生產過程之中來予以討論，這也有存在主義的成份：將異化的物質性牽扯進來會涉及否定他的全部計劃的資產階級目標。異化因此在試圖消除它的哲學中尋找出路。工人協會、無階級社會以及馬克思所謂的「前歷史」的終結都未列入議題。即使最偉大的資產階級哲學家們也無法構想出某些政治制度能夠使社會的運轉方式服從於創建它的人們。

黑格爾在《精神現象學》（1807年）中指出，每個歷史時代的統治者對於阻止這樣的意識的產生都有事關存亡的利益和物質上的利益。他們設法通過意識形態和制度手段使他們的奴僕們相信對他們，即他們的主人的依附。這就是黑格爾和青年馬克思的出發點。批判方法成了工具，奴僕們——以及廣大無產階級——通過它意識到他們作為特定秩序的生產者的力量，從這種秩序中真正獲益的只有統治者。消除異化因此取決於被奴役者，或者更確切地說是工人的覺醒。

青年馬克思認為，討論國家的美德，或者通過含

糊其辭的範疇如主僕或貧富實現某種預製的自由觀，只會阻礙對於異化根源及其如何持續存在的認識。因此，在《1844年經濟學哲學手稿》中，馬克思強調「隨着對象性的現實在社會中對人說來到處成為人的本質力量的現實，成為屬人的現實，因而成為人自己的本質力量的現實，一切對象也對他說來成為他自身的對象化，成為確證和實現他的個性的對象」。[2]

黑格爾稱整體即真理。他認為資產階級的自由法治國家已經實現了自由。然而，按照馬克思的看法，無產階級對這種臆斷提出了異議。這個被剝奪公民權並且遭受剝削的階級的存在說明了自由如何被截斷。這個階級在結構上的優勢受到了忽視。資產階級認為，資本主義是建立在利己主義假設之上的，個人是生產活動的主要單位。但這種觀點無法形成關於社會現實的構成及其經濟生產過程的矛盾的認識。倘若有如馬克思從費爾巴哈(Ludwig Feuerbach)那裏學到的，宗教造成人類被其大腦產物所控制的局面，那麼在資本主義之下，人類則受到其手造產品的支配。

馬克思相信，即使在資產階級社會日漸富有的時候，工人階級也會越加貧困。工人階級在精神上也會日益貧乏。它逐漸成為機器的附庸。對多數人而言，個性、創造性、凝聚力都在遭到削弱。資本主義生產

---

2 譯文引自馬克思：《1844年經濟學哲學手稿》，劉丕坤譯，人民出版社1979年版，第78–79頁。

的緊迫任務需要僅僅將其視為生產成本，這種成本必須盡可能保持在最低限度。利潤最大化還要求勞動分工，工人階級中的每一個成員由此同裝配線上的其他成員相分離，無法獲知其他工作並發展他/她的全部潛能，也不能瞭解最終生產出來的產品。同樣的勞動分工也影響到現代國家。數學公式以超越歷史的語言界定營利能力和效率而沒有意識到階級利益的結構性衝突。社會的歷史性、可替代性和多變性因此遭到剝奪。

異化界定了這樣一種總體性，其永存建立在將人轉變為物，或者說物化的基礎之上。資本主義日益剝離掉人的人性。它將參與商品生產的真正的主體（無產階級）當作對象，而將生產活動的真正的對象（資本）轉變為現代生活虛構的主體。扭轉這個「顛倒的世界」——馬克思從黑格爾那裏借用的一個觀點——或許只能依靠消除《資本論》中提出的「商品拜物教」。或者換種說法，消除異化要求消除物化。這需要意識到將要改變的是什麼。世界必須得到新的思考。

青年馬克思增加了革命的風險。即使資本主義不斷取得成果，激進行動還是將人的苦難作為靶子。官僚主義、金錢和工具性思維具有人類學根源，即便新的生產過程強化了它們的主導地位。卑賤之人自古以來遭到工具式的對待。商品形態和官僚主義可以追溯到古羅馬的股票交易和羅馬天主教會的等級制度。其弦外之音顯而易見。工人們不可能持續滿足於要求自

由民主制度、社會改革以及嚴格計算經濟利益。無產階級必須立即認識到其自身乃是歷史行動的主體——而不單是外力的對象——其目標是消除異化和階級社會。

青年馬克思已經勾勒出這樣的願景。然而，在1932年前其作品尚未出名的情況下，對盧卡奇以及隨後其他批判理論家闡述(即便不是解決！)異化與物化問題產生重要影響的乃是馬克斯‧韋伯。作為創作出經典著作《新教倫理與資本主義精神》(1905年)的飽受折磨的學者，以及同情民族主義和帝國主義的自由主義者，韋伯著名的演說《學術作為志業》(1918年)構想了一個啟蒙運動的希望正在「不可挽回地消失」，且社會日益被「沒有靈魂的專家」和「沒有心腸的肉慾享樂者」主宰的世界。工具理性採用了一種以數學方式定義的效率概念，此概念的前提是把所有任務都變成例行公事。現代生活日益將使用專門知識並在分層指揮系統中嚴格限定職責範圍置於首位。把握全域的能力將消失；德國人所謂的紀律白癡會取代智者；道德標準將降格到科學和政治生活之外的領域。韋伯將未來想像成官僚主義的鐵籠——即使他從未明確地使用這個經常與他關聯在一起的用語——它更加確定地導致真正的主體性的邊緣化。

圖4　異化和物化摧毀了主體性,將工人轉變為生產成本

啟示與形而上學

　　青年布洛赫和盧卡奇時常出入韋伯在海德堡的著名沙龍，在此結識了拉斯克(Emil Lask)、李凱爾特(Heinrich Rickert)和齊美爾(Georg Simmel)。他們都關注異化的現代社會結構以及物化可能引發的後果。韋伯及其圈子的影響明顯體現在布洛赫《烏托邦精神》第一版(1918年)和盧卡奇寫於1915年並於1920年出版的《小說理論》中。實際上，布洛赫喜歡說他撰寫了一半，而盧卡奇撰寫了另一半。兩部作品都體現了盧卡奇隨後提出的「浪漫的反資本主義」。

　　這一用語意在指明與資本主義的一次重要邂逅，對於其實際運轉方式的不解帶來的要麼是啟示般的憧憬，要麼是回歸自身。這是由於浪漫主義的反資本主義傾向於調和左翼政治學和右翼認識論。《烏托邦精神》和《小說理論》無疑就是這種情況。但它們仍然是具有深遠影響的作品。

　　對於現代生活的異化的思考、天啟般的感覺以及嚴苛的現代性批判，構成了他們對於批判理論的思想遺產。他們每個人都強調生活日漸支離破碎，人際關係也正在瓦解。每個人都期待着一種基於尋求真實經驗的(或者更恰當地說是其喪失)新的團結形式以及一種天啟般的感覺。每個人都提供了一種新的歷史哲學，對實證主義和科學迷戀提出了質疑。每個人也都

倡導一種審美—哲學觀和一種陷入野蠻的西方世界的新開端。

　　盧卡奇在他的小冊子《列寧》（1924年）中強調，這位布爾什維克領導者以獻身於「革命實際」而著稱。列寧的《怎麼辦？》（1902年）所支持的理念是由赤誠的政界知識分子組成先鋒政黨使革命理想抵擋住改良主義的誘惑。1914年，他獨自倡導將國家之間的戰爭轉變為國際性階級鬥爭。1917年，列寧提出了「一切權力歸蘇維埃」的革命口號，他的《國家與革命》（1918年）構想了一個共產主義國家，按照這個詞的真正意義，它不再是一個國家。列寧的布爾什維克似乎引領了一陣「東風」，註定要席捲腐朽的文明。他在組織上的設想似乎是某種政治主張的重要部分，在這種主張中一切彷彿皆有可能。無產階級——或者更確切地說是先鋒政黨領導下的無產階級——大概正是新的歷史主—客體。

　　《歷史與階級意識》表達了對於伴隨俄國革命而來的復興與革新的渴望。柯爾施以及葛蘭西的作品也不例外，儘管他們沒有形而上學工具和啟示錄式的語言。他們都描繪了一幅獲得解放的世界的願景，它產生於俄國革命以及隨之而來的1918至1923年間的歐洲起義。相比於籠罩着工人協會參與式民主的戲劇性、金錢和等級的消除以及具有烏托邦意味的多種文化實驗，自由共和主義黯然失色。無論真正的無產階級的

經驗意識如何，只有共產主義先鋒被認為尚能終結異化的世界。

然而，《歷史與階級意識》1923年甫一出版即成為激烈批判的對象。將無產階級(或者更確切地說是共產黨)視為歷史的主—客體被認為是唯心主義，而不是馬克思主義的烏托邦式的產物。普遍的看法是盧卡奇誇大了意識對於經濟惡化的作用，他的作品也沒有討論具體目標以及行動受到的制度限制。但是，隨着馬克思《1844年經濟學哲學手稿》的出版，盧卡奇的許多觀點獲得了遲來的辯護。共產國際尤為窘迫，因為在1924年其領導者已經迫使盧卡奇宣佈與其傑作決裂。青年馬克思的作品恢復了對於多數知識分子傾向於視為僵化頑固的政治意識形態的興趣。

但異化借由弗洛姆的《逃避自由》成為名副其實的流行概念。第二次世界大戰於1939年爆發後，納粹主義成為自由和進步知識分子的頭號敵人。弗洛姆揭示出與魏瑪共和國資本主義相關的「市場特徵」以自我為中心的貪婪品性，如何被新的法西斯政權轉變為建立在明確消除自主性基礎上的「施—受虐人格」。能夠抵制新政權宣傳手段的所有公共機構——大眾媒體、學校、教會乃至家庭——的破壞導致個體的完全孤立或原子化。

這種極端異化不堪一擊。由此形成對於權威(即元首)的認同，致使個人充滿仇恨卻一心逃避道德責

任。社會和心理影響的獨特匯合導致了奇特的權威人格結構。

霍克海默採用了一種更加統禦一切的路徑。他的論文《權威主義國家》(1940年)分析了現代自由主義、共產主義和法西斯主義的混合。它們都有賴於官僚式管控、等級與恭順、宣傳與大眾文化、分工與機械化勞動。個體同勞動產品、其他工人以及更為廣泛、更為包容的個性觀念相背離。總體在所有地方都從視野中消失了，個體不過是機器上的一個齒輪，物化乃是常態。政體類型之間的差異或許依然存在，但最終，形式就是內容。事實上，隨着曾經與無產階級聯繫在一起的目的論希望的落空，抵抗失去了其政治指向。權威主義國家使人們對構建實踐理論的能力產生了疑問。

異化和物化因此日益被視為心理和哲學問題，首先需要心理學和哲學解決辦法。比如，哈貝馬斯在《知識與人類的旨趣》(1971年)中假定了一種基於「未失真的溝通」的「理想的言語情境」。這種理想情境在面對面的精神分析中具體起來，在此，分析師與來訪者不受外部或物質旨趣的妨礙，決心找出任何特定神經症或異常狀態的真正源頭。傳統哲學形式如實證主義和現象學中缺乏的「可普遍化的旨趣」由此產生。

批判此時獲得了確實的基礎。其與話語操縱的對

抗是從「解放性」基礎開始進行的。這具有某些實踐意義。激進人士之間的相互理解變得至關重要，每個人也都必須證明對他/她的目標和策略進行了自我批評。畢竟在原則上，未失真的溝通是一切形式的協商民主的基礎。以往對於現實的歷史構成的關注，此時也可以作為技術問題加以對待。哈貝馬斯表明了他的立場：「在自我反思的力量中，知識與旨趣合二為一。」[3]

　　然而，這種新的心理—哲學路徑的論證和定義問題很快便出現了。理想的言語情境是否僅僅是社會行動在方法上的起點，還是具有自身規則的固定的哲學範疇？是就社會批判理論來理解未失真的溝通，還是將其理解為擁有自身規則的語言哲學新變體的基礎？哈貝馬斯做出了「語言學轉向」。

　　批判理論因此開始向分析哲學邁出第一步。哈貝馬斯的另一部經典著作《交往行為理論》（1981年）誠然還是警告道，工具理性和晚期資本主義的制度力量對個人的生活世界構成了威脅。與歷史相隔絕的交往行為及其語言規則成為反抗的工具。但參與反抗的動力完全是另外一個問題。在不涉及生產過程或政治組織的情況下，對於承認和認同的新的關注變成首要問題。然而，這類需求經常產生衝突。哈貝馬斯的弟子阿克塞爾·霍耐特試圖通過強調個人的「關懷」能力

3　譯文參考哈貝馬斯：《知識與人類的旨趣：一個普遍的視角》，載《世界哲學》，方環非譯，2015年第2期，第45頁。

處理源於異化和物化的這類衝突。鑒於關懷涉及承認他人並限制更加麻木不仁的利己主義，移情佔據了中心位置。異化和物化此時被作為哲學和經驗問題，需要以哲學為基礎的經驗回應。道德規範又一次同政治生活的現實割裂開來。制度性權力失衡、團體利益的結構性衝突以及資本主義積累的急切需要淡出了視野。具體說明關懷等問題的限制條件，或者應對異化和物化的適當的行為方式，成為次要問題。對於形成任何有意義的團結——和反抗——概念，其削弱性影響不言而喻。

然而，公平地說，法蘭克福學派核心集體的多數成員都認為，（從既存體制內部）為異化和物化開出藥方在最好的情況下也是無效的，在最壞的情況下更是原則上的妥協。無產階級一失去革命根基，悲觀主義便在核心集體中彌漫開來。馬爾庫塞在《哲學與批判理論》（1937年）中已經指出，基於實現自由王國這一前景的黑格爾和馬克思的辯證法受到了阻礙，激進變革不再列入議程。

官僚制的鐵籠似乎導致了「個人的終結」。這是霍克海默在《理性之蝕》（1940年）中描述的景象。資本主義不再產生掘墓人，極權主義影響着政治光譜的兩極：霍克海默直言不諱地宣稱「兩極相遇了」。關於社會主義和歷史演進的傳統設想因此需要修正。官僚社會的整合性力量、有組織的反對力量的無能為

力、進步的倒退性以及培養自主性的需求——重中之重——都需要一個新的框架進行討論。如果革命不能再等同於解放，那麼反抗必須改變其性質。這終將涉及直面文明、進步以及啟蒙。

回望過去

批判理論家們在《1844年經濟學哲學手稿》中看到了對於結束人類「前歷史」壓迫的新的重視。社會主義此時被視為對待人的方式，而不是一套固定的制度和政策。青年馬克思似乎表現出烏托邦傾向，也呈現了從利己、暴行和異化中解放出來的新人的圖景。反抗資本主義的革命如今轉變為某種旨在改變人類境況的東西。批判家們認為此時不可能預見革命成功會帶來什麼。然而，理解革命的失敗會更為容易。新發現的青年馬克思的著作對於挑戰有關社會主義的灰暗、單調理解起到了重要作用。

弗洛姆的《馬克思論人》(1961年)開始受到廣泛的歡迎，並且啟迪了一代美國激進人士。然而，即便在這之前，弗洛姆也一直關注異化現象。他關於宗教與心理學的著作便說明了這一點。資本主義將遭到反對不僅僅因為它在物質上是剝削性的，而且由於其非人的市場力量體系要求個人將彼此作為潛在的競爭對手和達到目的的手段。問題對他來說不僅僅是人類已

經無法掌控的機械化社會，而且是它促成的內在被動和精神遲鈍。因此，他的批判社會心理學的前提是闡明並肯定反資本主義價值觀以及個體發展的進步的可能性。這是將社會主義重新塑造為一種人文主義，同時淡化狹隘的階級問題和革命的重要嘗試的基礎。

然而，帕赫特(Henry Pachter)曾告訴我，他在1932年閱讀《1844年經濟學哲學手稿》時的第一反應是「此乃馬克思主義的終結」。他是一位社會主義活動家和政治史學家，也同法蘭克福學派有所聯繫。帕赫特的這類觀點如今聽起來很奇怪，但在20世紀30年代的環境下是有道理的。馬克思主義依然被理解為具有科學基礎和目的論保證的面面俱到的哲學體系。共產主義運動籠罩着一道光環，社會民主主義似乎依然代表着對於政治獨裁和社會不公的唯一的真正反抗。社會主義運動和共產主義運動對於實現烏托邦的意願，不如實現主要產業國有化和市場監管、以(民主或獨裁的)無產階級專政代替資產階級統治，並且引入一種或許基於科技進步的新的世俗意識形態那麼強烈。

更為傳統的觀念遠不如新方法以其對於異化和物化的抨擊所帶來的東西引人注目。但其目標清晰，並將政治置於首位，其中自有令人欽羡之處。懷舊是沒有必要的。只有與隨後的奇特論調和烏托邦式的誇張相比較時，其哲學和政治目標才是適度的。

第四章
啟蒙的幻象

霍克海默和阿多諾的《啟蒙辯證法》或許是左派對現代性進行的第一次重要批判。它起初在1944年以研究所非公開印刷的形式出現，標題是《哲學斷片》。然而，當它最終於1947年由Querido Verlag出版時，原來的標題已經變成副標題。主題更加明確了。起初，這並沒有起到什麼作用：只有大約兩千冊售出。但如今《啟蒙辯證法》被認為是現代哲學的里程碑，也可以說是批判理論的代表作。兩種截然不同的思想氣質都在這部著作中體現出來。其文本展現出複雜的張力，有可能做出各種解釋。然而，某些特徵是無可爭議的。

這部作品研究了科學(或工具)理性如何將自由逐出歷史進程，並使物化能夠滲透到社會生活的方方面面。即使藝術也只不過轉變為另一種商品，喪失了它的批判性。辯證話語此時不僅僅將盲從作為某種隨意的關切加以對待。此外，形而上學也出現了創造性的並且激進的轉變。霍克海默和阿多諾通過對於系統思考的系統抨擊，或者更確切地說是通過本身成為敘事

的反敘事，對「全面管制的社會」做出回應。這部作品在利用啟蒙傳統之外的思想家從而更好地理解其局限性方面也做出了精妙的嘗試。它堅持認為，不僅進步的代價過於高昂，而且野蠻也根植於文明之中，啟蒙運動背叛了它最神聖的承諾：自主。

進步的幻象

《啟蒙辯證法》忠實於青年馬克思的要求，即要做到真正的激進就要走向問題的「根源」。歷史上，無論在理論還是實踐當中，左派人士基本上都是認同啟蒙運動事業的。即便滿懷浪漫主義的青年馬克思也堅持認為，無產階級必須從革命的資產階級那裏獲得其目標，它沒有自身要去實現的目標。他對自由共和主義的批判，前提是基於無法在資本主義國家的範圍之內實現其自由、平等、博愛的啟蒙理想。

隨着法西斯主義佔上風、共產主義的衰退以及社會民主主義的融合，這些理想被認為失去了威望，因此這種政治批判也被認為喪失了吸引力。奧斯威辛(Auschwitz)已經刺穿了進步和現代性的光環。做出判斷、構建敘事以及理解現實的陳舊標準因此成為時代錯誤。後現代先於其文字而出現。啟蒙和現代性在集中營的世界中得到了滿足，這個世界由不負責任的官僚制度加以管理，失去控制的工具理性為其添柴加火

並以一種難以想像的怒火的宣洩表現出來。

《啟蒙辯證法》納入了「反猶主義要素」這一絕妙的最後一章的片段，這是在1947年補充的。在這裏，偏見被解釋為擁有其自身的動力和抗拒理性討論的邏輯。反猶主義被視為具有人類學根源的人類「第二天性」的一種表達。霍克海默和阿多諾堅持認為猶太人始終有某些「與眾不同」之處。如果現代性強制性地使個性日益標準化，那麼與差異性和自主性的不期而遇在邏輯上將出於無意識的嫉妒而引發憎恨。這種憎恨就是反猶主義者的標誌。納粹分子對於猶太人的憎惡即便帶來了「歷史轉折點」，還是實現了過去的預感。

資本主義也適於這幅圖景。反猶主義沒有被簡化為某種預製的經濟利益。它反而同商品形態聯繫起來，由此人類不再被視為其自身的目的。他們反倒被當作科層式生產過程中的生產要素。其間，物化削弱着個體行使道德判斷的能力。早在第一座集中營建立起來之前，自主性便遭受着侵蝕。自由則一直處在危險之中。猶太人長期被同流通領域聯繫起來並被視為資本主義的先驅。因此，不僅資本主義需要審問，文明本身也不例外。社會批判理論由此採取了人類學形式，反抗在這種形式中取決於岌岌可危的主體性。

《啟蒙辯證法》堅稱文明本身就涉及對於主體性的攻擊。荷馬的《奧德賽》即已描述了主人公為了生

存願意放棄他的身份和姓名。因此，工具理性與主體性的侵失，即異化，內在地聯繫在一起。它們彼此的聯繫只不過是在廣為人知的啟蒙歷史時代被具體化了。這個術語因而在《啟蒙辯證法》中獲得了雙重含義。它既被等同於17世紀和18世紀對歐洲宗教教義予以駁斥的歷史上特定的科學知識理論，也更廣泛地被視為與文明誕生伊始產生的錯誤和迷信進行的人類學抗爭。這部著作的關鍵在於啟蒙運動的歷史批判通過何種方式轉變為關於進步的人類學研究方法。事實上，正是這一點使它如此具有挑戰性和爭議性。

科學理性是客觀且價值中立的，是可操作和可測試的，它起初被用來摧毀傳統的迷信與偏見，從而促進開放討論、實驗以及寬容。生活在宗教世界中的進步思想家首先關注的是避免神學家干預科學探索。然而，始於抨擊宗教教條主義的工具理性，轉而以其之力對抗一切非科學準則和規範性主張。這些內容包括最初啟迪了科學實驗的啟蒙所涉及的道德價值（如道德自律和運用良知）。然而，就是在這個意義上，理性的批判性削弱了：更確切地說，它成了大衛·休謨（David Hume）所預言的「激情的奴隸」。

《啟蒙辯證法》從尼采、弗洛伊德和馬克斯·韋伯那裏汲取深刻見解，對黑格爾和馬克思做出補充。其作者扭轉了將技術發展與進步混為一談的傳統敘述。他們反而將工具理性日益提升的主導地位同全面

管制的社會聯繫起來。新見解拋出了新的反抗形式，要求強調主體和客體——或者不那麼抽象地講，是個體與社會——之間的「非同一性」。鑒於整體是虛假的，進步乃是幻象，唯一批判性的選擇就是發展隨後眾所周知的否定辯證法。只有以這種方式，批判才可能直面啟蒙運動帶來的錯覺。

就意識形態主張來看，科學一直被視作無關價值並且是中立的。然而，如同商品形態和官僚制度，科學也關注其領地的拓展。科學理性由此很容易與資本主義和官僚制國家的需要相結合。資本主義、官僚制度和科學——工具理性的全部表現——構成了啟蒙運動的真正核心。它們將自然變為利用的對象，使進步成為異化，將自由轉變為控制。自主是個麻煩，批判是種威脅。啟蒙運動或許與這些理想有關，但它真正的目標卻是規範和控制。其擁護者以解放的名義最終助長了技術主導的理性。啟蒙運動最初力圖消滅的非理性觀念由此作為其自身產物重新出現。

人類為了增強支配自然的力量付出的代價是主體性的喪失。啟蒙運動的人文主義無視它所處的支配地位，同樣無視它孕育的反抗，它不能理解在它的「最內在之處，一名瘋狂的囚徒惱羞成怒，作為法西斯主義者將世界變成牢籠」[1]。這才是啟蒙運動真正的遺產

1　譯文參考阿多諾：《〈最低限度的道德〉第二部分》，張慎譯，載《世界哲學》2003年第6期，第32頁。

(即使沒有獲得承認)。它始於康德，經薩德侯爵延續至尼采。康德建立了認識論屏障，避免科學受到形而上學和宗教的干預，薩德將工具式地對待個人推向極致，尼采最終使理性和良知服從於權力意志。

《啟蒙辯證法》並不是說個人被簡單地轉變為機器。所發生的乃是自主性的扭曲。個人被認為除了做出技術或情緒判斷之外越來越別無他能。（需要注意的是，對於庸俗唯物主義和直觀的形而上學的早期批判在這裏開始發揮作用。）運用良知並想像自由社會變得越發困難，而且，即使只是因為這個原因，極權主義的吸引力也在增長。一個社會學和哲學的解釋──如果不是辯解的話──出現在那些宣稱他們「只是在服從命令」的人們面前。陳舊的政治抵抗方式不再可行：在進步由物化來定義的地方，批判理論事實上的處境是向野蠻的洪流投擲裝着解放訊息的瓶子。

自由遭到俄國革命的背叛，自由主義違背了自由社會的承諾。工具理性不可逆轉地確保了這一點。哲學唯心主義最初建立在沒有任何經驗決定因素的普遍主體理念之上：這是個人在做出道德決定時應當使用的參考。自由主義將普遍原則用於法治及其權利觀念，但那恰恰是問題所在。從以工具性需求的名義寧願放棄個性，到憑藉抽象人性否認階級訴求，直至最終對形而上學抽象本身的攻擊──所有這些都成為一個單一邏輯之中的邏輯步驟。進步不像好資本家一直

所說的那樣，是道德良知的提升和人性的完善。情況完全相反：自主性和道德規範遭到了抹殺。正如阿多諾後來喜歡說的，實際的進程是從弓箭到原子彈的變化。

霍克海默和阿多諾認為啟蒙運動的政治思想帶來了進步的幻象——代價是慘痛的。西方馬克思主義者從未迷戀自由共和主義，而在1933年，隨着希特勒的勝利，法蘭克福學派也有同感。1934年，馬爾庫塞這位核心集體中大概最具政治洞察力的一員甚至指出，不僅從對於私有財產的承諾來看，而且就政治主張而言，自由主義和極權主義之間都存在密切聯繫。

《啟蒙辯證法》闡明了這一點。它的作者認為，自由主義作為一種觀念固然是美好的，卻是對既存狀況的辯護。它對非人道和非理性的熟視無睹導致自由主義及其人道主義衝動至少是不能有效地向其敵人發起挑戰，在最壞的情況下，還會與它們沆瀣一氣。他們就這一問題直言不諱地指出：「啟蒙對待萬物，就像獨裁者對待人。獨裁者瞭解這些人，因此他才能操縱他們。」[2] 歌德摯愛的橡樹矗立在布痕瓦爾德集中營中央，為啟蒙運動的命運提供了一個慘痛且具有象徵意義的例證。

2　譯文引自霍克海默、安道爾諾：《啟蒙辯證法——哲學斷片》，渠敬東、曹衞東譯，上海人民出版社2006年版，第6頁。（此譯本對作者名的譯法與本書中有所不同。——編者）

霍克海默和阿多諾關注的不僅是極權主義產生於自由體制如魏瑪共和國這一經驗事實。他們還相信法西斯主義是其取勝之前既存狀況的產物，這不是在某種否定意義上，而是作為其公開(但虛偽地)譴責的那些狀況的實際延續。自由思想遭到了它們根植於其中的工具體系的背叛。本應為其存在正名的那些思想，使它對良知的顛覆愈發嚴重。猶太人群遭受的苦難最為沉重，原因在於在人類學上文明社會總是給它打上「異族」的烙印，而歷史上它被普遍視為自由主義和資本主義的先驅。

這種具有諷刺意味的狀況是不可避免的。在自由思想的偽裝背後，物化過程從良知的羅網中釋放了非理性的恐懼和本能的衝動。作為其結果的反猶主義反映出一種狀況，在其中「被剝奪了主體性的盲目的人們作為主體被釋放出來」。這些空洞的個體是沒有道理可講的。他們的非理性根深蒂固。這不僅僅是由法西斯主義，也是由文明和啟蒙遺產意想不到的結果所塑造的。

遠離歷史

本雅明在他的《歷史哲學論綱》中指出，「沒有一部文明的記錄不同時也是一份野蠻暴力的記錄」[3]。

3　譯文參考漢娜·阿倫特編：《啟迪：本雅明文選》。前引。

圖5　法西斯主義在啟蒙運動中找到了它的根基。照片中是布痕瓦爾德集
　　中營中歌德珍愛的橡樹

或許如此。但這一主張恰恰迴避了問題的實質：如何將兩者區分開來並斷定哪一種特質在任何特定的記錄中更為普遍？《啟蒙辯證法》從未闡明提供答案所需的標準。兩位作者拒絕就啟蒙運動對於制度、運動和政治理想的影響對其進行討論。相反，他們將其同一種單一的理性形式聯繫起來，進而按照一種單一的人類學敘事予以追問。啟蒙運動在沒有參考反啟蒙運動的情況下受到批判。限制獨斷地行使制度性權力與鼓勵自由地發揮個性之間的歷史性矛盾就此消失。思想傳統失去了它們同有組織的實踐形式的聯繫。存在的只有工具理性這一轉型的，或者更確切地說是新世界的精神。

《啟蒙辯證法》絲毫沒有論及影響深遠的政治思想家，對洛克（John Locke）、萊辛（Gotthold Lessing）、伏爾泰、富蘭克林（Benjamin Franklin）或潘恩（Tom Paine）隻字未提。這部論著的兩位作者看得更遠。他們關心的是薩德侯爵、叔本華、柏格森和尼采。他們都與啟蒙運動的政治原則以及致力於實現這些原則的組織無關。他們反自由、反社會主義、反民主、反平等、反理性並且反歷史。

霍克海默和阿多諾對於科學理性的批判也有政治上的誤導性。法西斯主義者從未沉迷於科學理性或普遍範疇。相反，他們從意識形態上運用「猶太物理學」或「意大利數學」等概念。20世紀，科學理性的

多數實證主義和新實證主義擁護者都是自由主義者，如卡爾·波普爾(Karl Popper)；一些是社會民主主義者，如卡爾納普(Rudolf Carnap)；也有少數如賴欣巴哈(Hans Reichenbach)甚至一度是極左派成員。偉大的社會主義思想家和活動家博比奧(Norberto Bobbio)指出，對於實證主義的蔑視(而不是接納)是法西斯主義的特有標誌。他無疑是正確的。

顯然，這一切都無關緊要。霍克海默和阿多諾更感興趣的是在個人和群體的自覺意圖背後發揮作用的辯證過程。但他們的辯證法缺乏歷史規範。他們從不探究導致新的野蠻的政治決定的時刻。《啟蒙辯證法》沒有論及德雷福斯事件、俄國革命、法西斯進軍羅馬或納粹的勝利。組織和意識形態衝突如同相關的人物一樣始終不見蹤影。極權主義與現代性——以啟蒙運動為源頭並以工具理性為媒介——之間的聯繫根本無法令人信服。

依舊不甚明瞭的是，為何最發達的資本主義國家如美國和英國從未經歷真正的法西斯威脅，而遠沒有那麼發達的國家如意大利和羅馬尼亞屈從於反動勢力。同樣不明了的是，為何日本從未經歷過啟蒙運動，也沒有來自左派的對極權主義的探討。蘇聯出現的不是現代性的產物而是缺乏現代性的產物：葛蘭西實際上將布爾什維克革命視為「反《資本論》的革命」，而列昂·托洛茨基和列寧堅持認為共產主義可

能取勝正是由於俄羅斯帝國是「資本主義鏈條上最薄弱的一環」。

社會民主黨領袖中的正統馬克思主義者——毫不奇怪——比更加精通哲學的法蘭克福學派成員更清楚這一切。考茨基(Karl Kautsky)和羅莎・盧森堡(Rosa Luxemburg)不僅早在1918年便預言了蘇聯恐怖機器的出現，而且分析指出其乃經濟不發達的產物。其他學者注意到，在德國，資產階級出於對無產階級的恐懼，在意識形態上尚未同封建主義達成妥協時，就與反動派結成了聯盟。

歐洲法西斯主義不是某種預製的哲學辯證法的產物，而是對自由主義和社會民主主義自覺的意識形態回應。它在各地的群眾基礎主要基於前資本主義階級——農民、底層階級以及小資產階級，他們的存在和物質利益似乎受到了資本主義生產過程及其兩個主要階級，即資產階級和無產階級的威脅。與現代性有關的階級多半支持那些接受大陸式自由主義的政黨，或者支持依然在形式上接受正統馬克思主義及其共產主義競爭對手的社會民主黨。所有這些黨派除了共產黨之外都是魏瑪共和國的支持者，也都是在語言和行動上向它們開戰的納粹分子的敵人。

《啟蒙辯證法》將這些真實的歷史衝突拋入形而上的霧靄之中。它關於奧德修斯的著名的詮釋就提供了一個恰當的例證，奧德修斯對於其身份的捨棄成為

在流亡中活下來的唯一途徑。「意識的犧牲是根據其自身的範疇理性地進行的。」無法回頭。工具理性是生存所需，而我們的生存形式造成了我們的毀滅。啟蒙運動是關於一種動力的敘事，這一動力的具體影響以刺在集中營囚犯手臂上的數字而登峰造極。這個具有煽動性的觀點引起了非同尋常的關注。它以錯誤的具體性和錯置的因果關係為基礎。工具理性並沒有帶來納粹主義，甚至沒有損害個人做出規範性判斷的能力。納粹的勝利乃是真正的運動之間相互沖突的產物，這些運動的成員很有能力同時就他們的利益和價值觀做出不同的判斷。

法西斯主義從來不是意料之中的必然結果，正如它從來都不單純是由現代性決定的。現實的運動和真正的組織、實際的傳統和真實的觀念相互衝突。忽視它們就是接受法蘭克福學派名義上試圖反對的思維的物化。《啟蒙辯證法》中出現的是一個不肯讓步的過程，它排除在外的東西多過它所闡明的東西——就因為它在歷史主張上並不明確，政治判斷上也不清晰。將性質不同的現象統一在一套規則之下的想法只會導致歷史方向的迷失和政治困惑。考慮到盧卡奇本人同斯大林主義的聯繫，他大概不會加以指責。然而，他嘲諷法蘭克福學派從其「深淵大酒店」眼睜睜看着朝向野蠻的跌落是有些道理的。

何去何從？

　　霍克海默和阿多諾想要從啟蒙本身的角度直面啟蒙運動的局限。他們的出發點是自主性遭到的侵蝕。進步在他們看來造成了野蠻，對於資本主義的批判被置於更加廣泛的「統治的人類學」之中。他們的工作不偏不倚地立足於馬克思主義辯證傳統當中。但支撐他們的批判的肯定性要素從不是具體或清晰的。由於整體出了錯誤，也從沒有進行調和，批判理論逐漸被迫將否定作為其指導原則。全面管制的社會是目的論的反向產物。物化正蔓延至社會的每一個縫隙，工具理性無論出現在哪裏都只不過表現為另一種統治形式。霍克海默和阿多諾沒有提供做出區分的標準。對他們而言，基本情況顯而易見：工具理性是問題所在，商品形態是禍根，文化產業是敵人。人們別無選擇。只有持續的反抗，它是以始終難以捉摸的個人體驗的名義進行的，如果這種體驗被認為是真實的。

　　《啟蒙辯證法》曾計劃撰寫續篇。兩位作者或許覺得他們走得太遠了。霍克海默期待的是「尚未書寫的肯定辯證學說」。啟蒙運動似乎需要拯救或改造，但始終沒有實現。關於為何沒有實現存在很多討論。一些人注意的是作品的片段式結構——它對於格言和蒙太奇敘事方式的運用及其反體系特徵。其他人突出的是作者在思想上對否定的投入。還有人指向了他們

同左派的決裂以及他們對政治參與的恐懼。然而，或許還有不同的原因。兩位作者大概只是發現不可能提供一種「肯定辯證學說」——因為他們不再有任何「肯定的」內容要講。

第五章
烏托邦實驗室

1795年，席勒（Friedrich Schiller）發表了他的《審美教育書簡》。他的目的是保存法國大革命在恐怖統治及隨後1793年[1] 處決羅伯斯庇爾後保守派搖擺不定時期，也就是熱月中摧毀的烏托邦承諾。席勒引入美學作為對現實的烏托邦回應。他的經典著作描繪了一個新的生活世界，其中遊戲衝動以其訴諸感性和賦予形式的特質改變着生存方式並悄無聲息地重新定義了勞動和科學的性質。審美王國體現了人性的「內在真實」。它摒棄地位與權力的差異，展現了新的團結、自由以及對自然的非工具的對待。烏托邦存在於藝術產生的「美麗幻象」之中。但這種幻象也充當着一種規範性的理想。它依據自身的解放標準和目標塑造現實：它體現了已經被歷史背叛的幸福承諾。

法蘭克福學派將嘗試拯救廢墟、碎片和被遺忘的形象以實現這一承諾。它所處時代的無產階級革命可能轉向了極權主義，新的先鋒可能已無法實現其歷史

---

1 原文有誤。法國大革命後期，以大資產階級為首的保守派發動熱月政變處決羅伯斯庇爾發生在1794年，而非1793年。——譯注

使命。但法蘭克福學派的改造計劃依然烙下了馬克思的印記。新的物質條件被視為其轉向美學和形而上學的正當理由。與全面管制的社會以及工具理性的統治作鬥爭,需要拋棄將藝術用於政治目的的一貫嘗試。

美學批判立場此時表示,藝術的目標不是以現實主義的方式描繪社會的錯誤、提供關於事物應該如何的陳詞濫調或迎合大眾。批判理論重新定義模仿時必須考慮蒙太奇、意識流以及為體驗現實並引起受眾的烏托邦憧憬提供新形式——新幻象——的其他技術。當實現這些憧憬的條件最不具備時,這些憧憬很可能最為強烈。本雅明關於歌德的文章中的名言,即「只是為了絕望之人,希望才被給予我們」,其背後的意思或許就在這裏。

期盼烏托邦

布洛赫喜歡引用這段文字。但他認為,烏托邦需要更加堅實的政治和哲學基礎——他試圖在畢生投入其中的「更好的生活的夢想」中提供的正是這一點。闡明其內容的嘗試促使他研究靈魂轉世乃至煉金術等所有問題。但他也為構成地下革命史的失敗的起義、被遺忘的實驗以及未實現的目標中的烏托邦提供了物質基礎。它們都暗示着一個基於平等、公正和自由的世界。布洛赫的著作因此復興了一個與人類自身一樣

古老的觀念。這些作品未完成的、自由浮動的以及聯想的特徵，與它們的古典學的博大精深、表現主義的文學風格以及啟示性的展望相得益彰。憧憬的幻想結合着對於記憶的批判性運用。從他所處時代回溯至歐洲自由城鎮的工人協會、被遺忘的新教革命者如閔采爾(Thomas Munzer)的神學、自然權利的起源以及最多樣的宗教的神聖文本，都是汲取政治解放衝動的源泉。

不可否認，布洛赫提出的主張大多是斷言而非論點；他的解釋標準有時含混不清；他還經常混淆想像與邏輯之間的界限。但他想要做的是使烏托邦具體明確。最好的生活與總體的每一個在當前異化的要素作抗爭。它突出了主體與客體之間的統一性，將世界轉變為最多樣的個體實踐的實驗。激勵這項宏大事業的目標具體體現在布洛赫三卷本《希望的原理》的結尾之中：

……人類無論在何處都依然生活在史前階段，事實上一切都依然處在世界——一個正確的世界的創建之前。真正的開端不在最初，而在終點，只有當社會和存在變得激進，即抓住它們的根本時，它才開始起步。而歷史的根基是改造和整修既定事實的勞動中的、創造中的人。一旦在真正的民主中，他把握了他本身並重建他所擁有的，而沒有剝奪和異化，在這個世界中就會產生照進所有人的童年的東西，而這是所有人都未曾到過的地方：家園。

布洛赫在他漫長的一生中都認同這種立場。他的《主體—客體》(1949年)以及《烏托邦精神》(1918年)著名的結語「卡爾‧馬克思、死亡與末日」，都顯示出大體相同的看法。作為德國先鋒派的中流砥柱，最終在20世紀30年代支持斯大林主義的特立獨行的馬克思主義者，布洛赫在二戰後成為萊比錫大學的一名教授，1961年柏林牆豎起時遷往西德，隨後於蒂賓根大學任教直至離世。一戰前，他與盧卡奇曾是摯友。他們一同成為馬克思主義者，他們的事業反映了俄國革命英勇年代的雄心與希望。他們經常一起在咖啡館參加活動——以致雙方的特質在托馬斯‧曼偉大的戰前小說《魔山》中融入了納夫塔這個具有耶穌會特徵的偏狹的獨裁主義者之中。20世紀20年代後期，兩位朋友在各種美學和哲學問題上背道而馳。然而，直至20世紀30年代以「表現主義爭論」而聞名的圍繞文學的政治含義的交鋒中，他們之間的裂痕才變得公開。

　　在1924年共產國際對《歷史與階級意識》予以譴責後，盧卡奇與其言歸於好。他決定留在組織當中，並堅持着這個決定。他的思想變得更加僵化、更加教條，但無論如何，他也更加重視將資產階級的革命遺產同共產主義銜接起來。這無疑成為他發起兩次大戰期間顯然最重要的文學爭論的動力。

　　盧卡奇在總體上挑戰了歐洲現代主義，在細部挑戰了德國表現主義，挑戰它們的非理性主義、主觀主

義和烏托邦主義，以此回應對於反法西斯人民陣線持續高漲的呼聲，並試圖理解納粹主義的文化根源。《表現主義的偉大及其衰落》(1934年)以及《緊要關頭的現實主義》(1938年)等文章斷言，時興的先鋒潮流幫助創立了法西斯主義可以在其中蓬勃發展的文化前提。盧卡奇的方案是一種「批判現實主義」，它或許在巴爾扎克、列夫‧托爾斯泰和托馬斯‧曼的作品中得到絕佳體現。

布洛赫在《論表現主義》(1938年)及其他文章中，對盧卡奇的論證路徑提出了不同意見。他反對將文學降格為政治，堅持表現主義事業的人文特質，並強調其對法西斯世界觀中佔很大成份的文化庸俗化的抨擊。布洛赫也為表現主義的烏托邦感受力及其對新人類的展望進行辯護。他從未拋棄他早年的作品。與曾經宣稱最壞的社會主義形式也勝過最好的資本主義形式的盧卡奇不同，布洛赫始終認為最壞的社會主義根本不是社會主義。社會主義如果要證明自己名副其實，必須預示最好的生活。烏托邦不能依舊是塞繆爾‧巴特勒(Samuel Butler)稱為埃瑞璜(*erewhon*)的地方——或倒着拼寫的(可以説是)烏有鄉(nowhere)。

布洛赫將社會主義看作一項烏托邦計劃。它應該作為重組的總體，提供對待人與自然的新方法以及體驗文明的豐饒的新機遇。他的觀點是末世論的，但絕不能簡單地視為信仰或象徵。在可以回溯至伊甸園的

最基本的人類經驗和形象中，都能找到烏托邦期盼。但最好的東西也出現在運動帶來的興奮、對愛的渴望、兒歌、白日夢以及在一件真正的藝術品中體驗到的輕鬆當中。每一項都是我們尋求的世界的朦朧預兆，而人類歷史就是在生活的多個維度中表達並實現它的一場漫長的鬥爭。

包括死亡在內的我們全部的失望與恐懼的基礎，是救贖的希望和被剝奪的人類自由。在希望的體驗和存在所固有的殘缺性中，烏托邦獲得了本性論基礎。批判性思考的任務就是通過強調允許重新解釋往事的「期盼意識」，去闡明這些無意識和半意識的渴望。例如，布洛赫的《基督教中的無神論》（1968年）強調共產主義的宗教根源；它影響到在拉美及其他前殖民地世界大受歡迎的解放神學。同時，《自然法與人的尊嚴》（1961年）堅持認為，對於公平待遇的期盼以及對於獨斷的制度性權力的約束始終推動着卑微之人的鬥爭。

烏托邦使我們意識到，我們所擁有的未必就是我們想要的，我們想要的也不一定都是我們能夠擁有的。根據布洛赫的看法，當啟蒙運動的思想將理性的降為真實的而依然無視魔幻、瘋癲、童年幻想等同類事物中埋藏的未實現的烏托邦元素時，它便向批判敞開了大門。人們可以認為，他使這些心智狀態具有了浪漫色彩，過分認同那些對它們稱頌有加之人並過高

圖6　伊甸園或許是最有影響力的烏托邦形象

估計了它們對於烏托邦哲學的重要性。但布洛赫的事業之中的批判成份是闡明非理性的理性的一種嘗試——這一嘗試完全處在批判理論的傳統之中。這不僅對於領悟魔幻和神秘主義非常重要，而且對於理解根植於種族主義及將直覺和非理性置於首位的其他意識形態之中的「虛假的烏托邦」，都具有重要意義。

布洛赫始終認為，未來不是某種機械的關於當下的周密計劃。它並不產生於通過毀滅過去而通向未來的一連串步驟或階段。但與此同時，烏托邦也不應被視為一種與現實的驟然斷裂。相反，通過辯證的方式，烏托邦構成一種特殊的重建的過去，它使人們意識到存在着的卻尚未被意識到的東西。由此，每一個故事都有待解釋，而解釋有待重新解釋。存在總是未完成的——其終點總是看得見的「尚未」。不存在絕對的拯救或救贖。沒有審判日。隨着人類反省它所忽視的，最好的生活的夢想不斷重新閃耀着微光。

來自地球每個角落的工藝品以及以往未被注意的珍寶表明，最好的生活的夢想是不完整的。布洛赫的目光從瑣羅亞斯德（Zoroaster）和孔子，轉向虛構的謝赫拉莎德（Scheherazade）的傳奇故事和16世紀諾查丹瑪斯（Nostradamus）的預言，直至浪漫主義、馬克思主義以及現代主義。對時間、死亡、仁慈以及最變化多端的情感的不同理解，在布洛赫所謂的「烏托邦實驗室」中散發出生命力。包容和開闊的思維對於它的

運轉必不可少。格外遺憾而且諷刺的是，布洛赫本該在1938年那篇聲名狼藉的題為《叛徒的慶典》的論文中[2]，為斯大林編導的作秀審判進行辯護。其他任何思想家都未曾提出如此豐富、多變、新穎並孕育着可能性的烏托邦設想。改變總體的每一個部分有了希望。但總體不只是其各部分的總和，實現某一部分的預期潛力的嘗試將不可避免地影響到另一部分。布洛赫所謂的「世界實驗」無法被完全兌現：烏托邦必定一直是烏托邦式的。

生存和解

馬爾庫塞同意這一點。但他對待烏托邦的方式迥然有別。他的《愛慾與文明》（1955年）是闡述自古以來被壓抑的解放慾望、希望以及想像的一種嘗試。馬爾庫塞在其學術生涯伊始便對席勒產生興趣。他那一代年輕激進人士對於他的接納遠遠超過歌德或18世紀其他魏瑪文人。在奧斯威辛和古拉格之後，連同一場新冷戰之中核毀滅的可能性，馬爾庫塞發現需要一種新觀點來開展批判。美麗幻象、遊戲衝動以及持續幸福的觀念，為在人類學上同現實原則及其資本主義變體——施行原則分道揚鑣提供了恰當的基礎。

弗洛伊德將這些術語同延遲滿足快樂以及壓抑停

2　布洛赫的這篇文章其實發表於1937年。——譯注

留在無意識中的本能性慾聯繫起來。要在匱乏的世界中生存下來，這一切都被認為是必需的。然而，馬爾庫塞認為，匱乏的現代世界在人為地維持着。發達工業社會結構強加着某種「額外壓抑」以確保其延續。

帝國主義、軍國主義、經濟剝削、父權家庭結構、宗教教條主義以及消費主義催生的虛假需求都導致了它的非理性。只有某種原始的罪惡感同其價值觀和機制保持着聯繫。人們尋求並利用懲罰來平息解放的渴望以及典型的反抗思想，它們來自對原始父親強加的不平等分工和滿足感做出反抗的子女。這些反抗和模糊的解放夢想太過可怕以至於不忍回想，它們籠罩在霧靄之中，必須予以清除。人們因文化產業而麻木，喪失了選擇餘地，缺乏反思性，陷入快節奏但最終毫無意義的生存漩渦之中，因此對他們的歷史失去了控制。

在壓抑助長非理性憤恨和暴力的情況下，相比於毀滅，社會和政治活動對解放的關注越來越少。但這僅僅進一步強化了烏托邦期盼以及罪行和隨之而來的對新的懲罰的需求，這些懲罰立足於越發具有操縱性且不必要的延遲滿足方法。物質進步因此建立在心理退化的基礎上。生活在發達工業社會中的個人無法處置他們的罪行，持續不斷地重複着施行原則的壓抑性價值觀。

烏托邦是對這一切的否定。它呈現出創造性活動

的昇華形式，將主、客體結合起來，並將力比多從所有束縛中解放出來。人類在烏托邦中從心理上得到改造。匱乏得以克服，個人不再以工具的方式看待彼此。人被置於利潤之先，工作變成遊戲，幾乎在生理上被殘暴、剝削和暴力擊垮的感性呈現出新的形式。這還不是全部。時間不再被認為是線性的，而是遵循自然被視為內部循環過程，類似於尼采所謂的「永恆輪迴」。意識到生命的延展不是死亡，持久的幸福因此最終在理論上成為可能。《論解放》成為馬爾庫塞描繪烏托邦生存的載體，在那裏：

> 技術到那時將趨向於藝術，藝術往往會成為現實：想象與理性、更高能力與較低能力、詩學思想與科學思想之間將不再敵對。新的現實原則應運而生：在這一原則之下，新的感性與去崇高化的科學心智將共同創造一種審美精神。

《愛慾與文明》尤其招致鋪天蓋地的批評。但它始終是充滿想像力的傑作。這部作品將弗洛伊德在《文明及其不滿》（1930年）以及他的其他元心理學思考中極度悲觀的看法，改造為激進的烏托邦設想的基礎。馬爾庫塞堅定重建本能的願望，決心以最為引人注目的方式挑戰異化問題，為集中營世界中人性的狂虐扭曲提供了解放的對照。他堅持認為，只有「生存

和解」這種沒有死亡恐懼的持久的幸福體驗才能使愛神伊洛斯戰勝死神塔納托斯。應對這個表面進步、實則野蠻的世界，烏托邦是唯一可行的立足點。

《愛慾與文明》出版之時，西方世界的思想生活在法國由讓–保羅‧薩特和存在主義者主導，在德國由格拉斯(Günther Grass)和「四七社」把持，在美國由垮掉派主宰。馬爾庫塞另闢蹊徑。他的視角對他們的悲觀主義提出質疑，隨後向青年發出挑戰，要求他們開拓思路，接受一種新的道德理想主義。馬爾庫塞不是傻瓜。他知道他的烏托邦建立在矛盾的基礎之上，這種矛盾阻礙着它的實現：只有已經獲得解放的個人才能帶來解放的社會。他也明白他的設想在本質上是理論性的，也正因如此才是批判性的。但一些人認為，他的觀點對批判理論的理性基礎構成了威脅。

哈貝馬斯的《作為「意識形態」的科學技術》(1968年)對馬爾庫塞發出了猛烈的抨擊，並且提供了截然不同的觀點。他聲稱技術具有本體論結構，在沒有闡明驗證真理主張的標準的情況下討論新科學是無效的。然而相反的觀點指出，這樣的批判是表面的，而不是內在的。它們都沒有論及問題所在。真正的問題在於《愛慾與文明》是否提供了一種控訴現實的適當的理想標準。或者更坦率地說，它的烏托邦設想有多真誠，它的含義有多激進？

弗洛姆正是帶着對這些問題的思考對馬爾庫塞進

行了批判。他的觀點體現在《精神分析的危機》（1970年）和《修正精神分析》（1992年）收錄的各種文章當中。通過強調社會條件在性格形成中的首要位置，弗洛姆在20世紀30年代已經對弗洛伊德的元心理學主張和本能論提出疑問。這使他與社會研究所的核心集體疏遠了，並導致他在1939年正式與其決裂。

於弗洛姆而言，心理學或元心理學的任何哲學基礎只在其同臨床實踐相聯繫的情況下才是有用的。沒有與真實個體的真實經驗相聯繫，這樣的元心理學必然依託武斷的概念操縱，而忽略掉有關緩解個人痛苦的問題。弗洛姆指出了馬爾庫塞犯下的各種技術錯誤。

比如，弗洛伊德從青春期前性慾的角度定義多形態性慾，這樣一來，所謂的烏托邦式的對它的實現的渴望（馬爾庫塞聲稱）實際上就是建立在嬰兒期幻想的基礎上的。弗洛姆由此認為《愛慾與文明》提出的烏托邦概念實際上掩蓋了退化並且抹殺了自我。然而，即使情況並非如此，批判理論依然應該強調治療嘗試對於促進資本主義社會中個體的成熟、獨立以及理性具有首要作用。任何其他觀點，無論其烏托邦主張如何，都割裂了理論與實踐，使理論主張與經驗驗證相分離——由此背離了批判事業的最初設想和理性特徵。

核心集體中以前的夥伴們對這一切都很重視。他們認為，弗洛姆對於元心理學的抨擊構成了對弗洛伊德激進遺產的修正。它揚言要抹殺對文明進行人類學

批判的合理性，這種批判曾給《啟蒙辯證法》以啟迪。弗洛姆的觀點在阿多諾的《社會科學與精神分析的社會學傾向》(1946年)中遭到激烈批判。馬爾庫塞也以對於弗洛伊德「修正主義」的批判進行反擊，這一批判首先出現在《異議》(1956年)當中，最後作為了《愛慾與文明》的附錄。這裏涉及一些重要問題，觸及批判理論的性質及其應該採取的方向。

如果弗洛姆是正確的，那麼批判理論必須再次將自身視為一種實踐理論——儘管是以新的方式並且在新的條件之下。它應該為應對剝削和壓迫提供實用觀念，並且更強烈地依託於有關人文主義和啟蒙的道德傳統。相形之下，接受元心理學肯定了條件錯誤的本體論。只有否定辯證法以及脫離了人類學的視角方能保存反抗的可能性和激進的自由理念。理論勝過了實踐。優先以臨床治療改善個體心理困境，成為對現狀的一種妥協以及對壓迫的適應。阿多諾在《最低限度的道德》中就這一問題尖銳地指出：「謬誤的人生中不存在正確的生活。」[3] 不過，也可能，謬誤的人生大概或多或少是錯誤的，而過這樣的人生可以或多或少過得正確。

3　譯文引自方維規：《西爾伯曼與阿多諾的文學社會學之爭——兼論文學社會學的定位》，載《社會科學研究》2014年第2期，第184頁。

缺失了什麼？

法蘭克福學派提供的對於最好的生活的理解，與莫爾（Thomas More）《烏托邦》（1516年）或貝拉米（Thomas More）美國暢銷書《回顧》（1887年）中給出的那些截然不同。這些烏托邦文學經典融合了它們試圖駁斥的關於世界的標準假設，如奴隸制或技術進步。設想與現實原則進行人類學上的甚或真正激進的決裂的作品難得一見。這種觀念中固有的危險事實上構成了諸如尤金·扎米亞金的《我們》（1921年）、赫胥黎（Aldous Huxley）的《美麗新世界》（1932年）或奧威爾（George Orwell）的《動物農場》（1945年）和《1984》（1949年）等反烏托邦作品的基本主題。它們都對共產主義中的極權主義和技術進步進行了犀利的批判。它們也都提出要警惕道德放縱和持續幸福的觀念。烏托邦——或者更確切地說是實現烏托邦的夢想——被它們當作具有一系列特殊危險的誘人的麻醉劑。

或許那就是它應該有的樣子。將烏托邦變為現實的嘗試早在共產主義和法西斯主義進入歷史舞臺前很久即產生了血腥的結果。末日救贖的觀念將和解排除在外。烏托邦始終帶着來自預言的自以為是——多半還有對暴力的頌揚。烏托邦主義者習慣上以他們設想中確保實現的解放目標，為他們採取的可怕方式作辯護。人們有充分的理由嘲笑烏托邦非理性且抽象、模

糊且不確定，而且忽視了人性。

但是對於最好的生活的夢想是人類的一個永恆主題。烏托邦或許是哲學詞匯中最被低估的概念。它還具有獨特的現實意義。每種大眾意識形態都有烏托邦成份。偉大的運動從來不是被激發的，而障礙的形成也從不單純出於實際原因。「人不只靠麵包活着，」布洛赫寫道，「尤其是當他沒有麵包的時候。」烏托邦具有存在主義成份，它是不計其數的個人業已證明願意為之獻身的理想。

理論家們應該保持警惕將烏托邦描繪得過於真實。概貌總會有潤色和修改的空間。這種概貌僅僅為永遠的半成品提供大致輪廓。烏托邦歸根結底是一種規範性理想：它使我們感受到文明既已取得的成就如此之少，也提供了未來可能達成的結果的預期路徑。烏托邦激發了革命。但它也激勵了艱辛、單調並且時而危險的改革努力。即使是改善個體生活的治療嘗試也提到了有關如何生活的觀念和理想。烏托邦不一定使政治行動者忽視社會現實和道德約束。這種概貌可以澄清伴隨着推進最好的生活而產生的多方面問題。它也可以表明人性依然是正在進行的工作。烏托邦從未有意想抹殺個體。不如認為它將「多樣性的統一」置於首位，並且孕育着更為豐富和複雜的個性形式。

最好的生活逃脫了形象的捕捉、描繪的限制或淪為哲學範疇。這就是它的力量所在。烏托邦揭示出現

實如何存在於阿多諾所謂的「邪惡咒語」之下——對即時滿足的迷戀侵蝕着批判性的想像。或許烏托邦只存在於當一個人如同兒童圖書中的英雄小公牛費迪南德，不受貧困和壓迫，躺在草地上仰望天空之時，又或者只存在於一旦經歷便轉瞬即逝的須臾片刻之間。而那時，烏托邦沒有建立在一種渴望或一種欲求的基礎之上——哪怕是渴望不道德[4]或欲求持久幸福和終極意義。布萊希特的烏托邦劇作《馬哈哥尼》（1929年）中真正顛覆性的理念是「缺少了某些東西」——不過有些東西一直是缺失的。

4　此處原文 immorality 似應為 immortality，即渴望「不朽」。——譯注

第六章
幸福意識

　　黑格爾相信，進步最終是由與大多數人步調不一的人推進的。只有這個人，真正特立獨行之人，實際上體驗到對於自由的約束。只有這個人有條件質疑關於幸福的普遍理解。事實上，對於黑格爾來說，「苦痛意識」才是進步之源。於法蘭克福學派而言，也是如此。其成員對現代生活和文化產業多有批判。但發達工業社會為苦痛意識帶來的危險或許最說明問題。岌岌可危的乃是主體性和自主性的實質，即個體抵抗試圖決定生命意義與經歷的外部力量的意願和能力。

　　霍克海默向洛文塔爾寫道，大眾文化正在欺騙個人遠離他本人的時間經驗，柏格森(Henri Bergson)稱其為綿延(*durée*)。馬爾庫塞擔心人們不再具有充當主體的能力，他們被操縱着認為有些事情取決於自己的選擇。霍克海默和阿多諾在《啟蒙辯證法》中表達了隨後成為核心集體普遍態度的內容：

　　　晚期資本主義時期的生活就是持續的成年禮。每個
　　　人都必須證明，他完全認同管教他的權力。這也

出現在爵士樂的切分音原則之中，它在嘲弄跌跌絆絆的同時，又將它作為準則。無論這個制度想要哪種樣子，對於那些必須就範的人們，收音機裏傳來的低吟歌手的柔弱嗓音，穿着禮服落入泳池的女主人的殷勤追求者，就是他們的榜樣。每個人都可以像這個無所不能的社會一樣；每個人都可以是幸福的，只要他完全屈服並犧牲他對幸福的要求。[1]

盧卡奇——當時還在使用貴族稱謂——作為青年反叛者以其他青年反叛者為寫作對象，他陷於厭惡舊文化和渴望新文化之間，在《心靈與形式》（1911年）中為批評家設想了具有改造能力的角色。其中的文學和哲學文章振聾發聵、複雜深奧，而且明顯打破了傳統。盧卡奇認為，藝術使個人反抗社會成為可能，不僅僅通過挑戰大眾品味和觀念，而且通過以其寓言性和象徵性強化體驗。

為了引出這些特性，批判性解釋也許是必要的。然而反過來，這樣的哲學審問將產生其他解釋。文學批評以及藝術創作中的哲學實踐因此按照定義都是未完成的。它們始終有待新時期新受眾的重新解釋。這是由於創造性活動的產物隱藏着等待發現進而恢復的秘密。批評文章不亞於藝術品，通過其形式可以引出

1　譯文參考霍克海默、安道爾諾：《啟蒙辯證法——哲學斷片》，渠敬東、曹衛東譯，上海人民出版社2006年版，第139頁。

圖7　幸福意識的典型特徵是盲從和缺乏個性

被壓抑的靈魂體驗。哲學與美學、思考與體驗之間的界限開始消解。藝術家此時在盧卡奇關於這一術語全新的並且更為寬泛的定義中看起來是個「成問題的人」。這個新定義的代言人不是政治革命者，而是帶有不拘傳統傾向的博學的文化激進人士，比如尼采：這位代言人預言了充滿活力的主體性、新興文化以及經過改造的現實。

文化產業如何運行

法蘭克福學派認為，反對大眾社會意味着反對大眾文化。其核心集體採取了知識分子局外人的立場。他們知道大眾傳媒傾向於支持右翼力量的事業。而他們也清楚，文化產業也可以產生表面上傾向於進步的作品。大眾傳媒已然經常痛斥資本主義、不容異己和權力精英。然而，即使如此，它似乎還是會對經驗加以規範，並破壞批判性思考。按照法蘭克福學派的看法，文化產業正是憑藉自身的特徵整合了所有對手。其大眾性的直接作用就是作品的無能為力。所有作品都不能倖免：康定斯基(Wassily Kandinsky)的抽象畫不能，勛伯格嚴謹的知性音樂也不能。

這裏涉及一種動力：古典音樂曾經作為電影(如查理・卓別林和弗里茲・朗的電影)背景，而如今時常作為商業廣告的襯托。與此同時，反傳統的先鋒派進入

了博物館。其作品此時也可以得到心懷善意的自由之人平靜的凝視。有時，文化產業呈現的東西會使文化庸人感到一絲不適。但這種大驚小怪毫無意義。藝術作品的批判潛力或烏托邦潛力已然喪失。它已經淪為自由豐裕社會中另一種形式的自由表達，僅此而已。

法蘭克福學派相信，文化產業是全面管制社會的一項本質特徵。馬克思主義者始終視文化為統治階層的支柱，路易·阿爾都塞隨後寫到一種「意識形態國家機器」。但法蘭克福學派從另一個方向進行着這項討論。核心集體就大眾文化的特徵提出的看法，其對文化標準進行的持續攻擊，涉及整合最初由保守派提出的憂思。

18世紀時，伯克（Edmund Burke）就已為正在被扯碎的「生活的精美帷幔」而憂慮，他在19世紀和20世紀的那些不甚博學卻更為激進的追隨者們同古斯塔夫·勒龐（Gustav Le Bon）一道，堅持認為「民眾成為至高權力，野蠻風氣甚囂塵上」[2]。精英們時常要求警惕加塞特（Jose Ortega y Gasset）所謂的「大眾人」及其對公共生活的參與。這一切使得有必要突出批判理論與真正的保守派對大眾文化的各種抨擊之間的區別。

霍克海默、阿多諾、本雅明和馬爾庫塞並沒有過分擔憂傳統和文化權威受到的威脅。他們更接近尼采

2　譯文參考勒龐：《烏合之眾：大眾心理研究》，馮克利譯，中央編譯出版社2004年版，第176頁。

這位文化革命者而非政治保守派，後者譴責維多利亞時代的衰敗及其清教徒式的順從和虛偽以及失效的唯物主義和無用的理性主義。對於法蘭克福學派而言，這仍是「更高精神」因「群氓」無法從知性上駕馭其「權力意志」而註定被誤解或敗壞的問題。

如果一切都是不真實的，如果沒有辦法在政治上影響社會，那麼文化批判便成為唯一的反抗源泉。指揮棒從黑格爾和馬克思轉移到尼采手上，具有貴族氣息的激進主義使他作為高雅藝術的典範對抗其市井對手，並作為現代主義的代表抗衡文化庸人。他是一位世界主義者，反對庸俗的反猶主義，反猶主義的擁護者如作曲家瓦格納時常將他的偏見掩藏在「民族主義」的外衣之下。但尼采也懷疑所謂的道德和科學的普遍基礎。他對人民大眾或體現在進步群眾運動中的民主精神鮮有同情。尼采對於他眼中社會漸增的平庸心懷厭惡，他敏銳地意識到日漸加深的文化痼疾並憑直覺知道末日，由此支持實驗方法、個性以及看待現實的「透視的」視角。

《啟蒙辯證法》討論了這些主題，但兩位作者關於文化產業的看法已經顯示在早期作品當中。阿多諾的《論音樂的拜物特徵與傾聽的退步》（1938年）指出，文化產業的產品並不是只不過在後來被包裝成商品的藝術作品，相反，它們從一開始就被視為商品。霍克海默緊隨其後，在《藝術與大眾文化》（1941年）

中，以支持高雅藝術抗衡大眾娛樂。

他們都認為，只有技術上最為複雜的作品才能推動對於下降的文化標準和瞬息萬變的風尚的反思和反抗。問題不在於政治內容，而在於它得到表達的形式——媒介即訊息。阿多諾在《最低限度的道德》中就此直率地寫道：「衡量一種思想的價值要依據它同熟知思想的延續之間的距離。它的價值客觀上隨着這一距離的縮短而降低。」

法蘭克福學派就其關於公共生活的看法而言是精英主義者。但其成員在傾向上無疑是現代主義的。他們對過去的某個黃金時代不抱有浪漫幻想，也不關注當權者的存在主義焦慮。他們致力於挑戰文化產業，原因在於它正在使經驗標準化並由此致使常人越來越樂於接受傳統和權威。與過去的非傳統的和浪漫的看法相一致，法蘭克福學派認為物質豐裕將導致精神枯竭。幸福意識遭到譴責，因為它是空洞乏味的。馬爾庫塞堅稱，文化產業是關閉政治世界的同謀。

個人的沉寂和政治生活的關閉被視為資本主義、官僚國家和大眾媒體的功用所在。哈貝馬斯在其富有開拓性的首部作品《公共領域的結構轉型》（1961年）中，對此進行了分析。它的德文副標題是「資產階級社會的一個範疇」。阿多諾的兩名年輕學生克魯格（Alexander Kluge）和內格特（Oskar Negt）隨後以他們關於其「無產階級」對手的研究，為這項計劃進行了補

充。但是，將公共領域引入社會學詞匯的是哈貝馬斯。

他將這一領域視為組織化的國家政治機構與市民社會的經濟力量之間的中介。公共領域包括能夠促進公共辯論的所有活動和組織。範圍從新聞自由到城鎮會議、從家庭到沙龍、從教育制度到廉價的書籍生產。公共領域或許起源於中世紀自由城市，在啟蒙運動和1688–1789年的民主革命期間獲得發展。這就是公開審議本身成為一種價值、屈辱的民眾運用其常識以及個人行使其公民權利的背景。公眾輿論是賦權的基礎：在政權依然搖擺於君主制和共和制之間時，它往往保護個人免遭專斷強權的侵害。

所有爭取政治民主和物質平等的重要運動——從19世紀社會民主主義工人運動到20世紀60年代的女性解放運動——都產生了充滿活力的公共領域。甚至可以公平地講，一場運動的性質和能量可以從其公共領域的活力中獲得。

然而，説到向大眾賦權，一旦公眾輿論同宣傳聯繫起來，問題也隨之而生。隨着大眾媒體獲得主導地位，民眾鬥爭便開始將權力讓予同官僚制福利國家有關的組織和專家。新的文化機器日益重視共識並收縮辯論範圍。哈貝馬斯在他的全部研究生涯中始終專注於民主意志的形成所扮演的角色。他最初支持20世紀60年代的學生運動是有原因的。他也持續相信，一個經過改造的公民社會或許還能抗衡工具理性不斷提升

的主導地位：《合法化危機》（1975年）一直是他最為重要（即便受到忽視）的著作之一。但哈貝馬斯對解放話語和政治參與的首要性的重視，並不是核心集體多數成員的共識。在他們看來，「只有商業創造的詞匯」佔據着主導地位，嘗試大眾啟蒙只會導致大眾欺騙。

物化持續保持着對公共生活的控制。不只如此——虛假條件的本體論危及主體性以及個人做出道德判斷的能力。對幸福意識的力量進行反抗因此轉變為道德要務。至少法蘭克福學派是這麼認為的。問題僅僅在於這樣的反抗意味着並且會帶來什麼。如果全面管制的社會是真正全面的，能夠整合並馴化所有批判行為，那麼政治行動的前景便是晦暗的。作為政治實踐的反抗就是一項毫無價值的事業。否定是唯一可行的選擇，否定辯證法必須對批判事業做出界定。相形之下，如果有組織行動能被證明是有效的，那麼這個體系就不是全面管制的，由於存在有意義的備選辦法（就政策和計劃來說），也就需要不同的批判方法。將全面管制的社會視為一種固有趨勢無助於解決問題：否定辯證法和實踐理論是相互排斥的選擇。

包容與公共生活

諷刺的是，伴隨社會研究所於1947年遷回德國，它的核心集體轉而成為真正的公共知識分子。霍克海

默成為法蘭克福大學校長。懷着對共產主義和催生納粹主義的社會分裂的擔憂，他既支持越戰，也成為學生運動的堅定批判者。與此同時，馬爾庫塞和弗洛姆在20世紀60年代和70年代成為知識界的超級巨星。他們都認同新左派，並且公開支持涉及社會正義、反帝國主義、人權、廢除核武器以及限制軍工聯合體的運動。

至於哈貝馬斯，他關於當代政治問題的文章被眾多書籍收錄。作為教育改革和新左派的早期支持者，儘管尖銳地批評其過激行為，哈貝馬斯還是始終讚賞其投身激進民主和社會正義。即使阿多諾也成為公眾人物。眾所周知，他猛烈地批判時常以他本人的激進學生們為代表的新左派，為力圖澄清他的觀點接受了許多電台採訪並寫出通俗文章。他甚至在《地上的繁星》(1953年)中對占星術進行了尖刻的分析。

如果説法蘭克福學派介入了公共領域，當然有理由問這是否説明開放社會並不存在。包容顯然拓展至對全面管制社會的批判。這種情況可能會引發概念混亂。馬爾庫塞在隨後的論文《壓迫性寬容》(1965年，或許是他最聲名狼藉的一篇)中試圖探討這個問題。在這一作品中，他堅稱古典自由主義寬容概念已經失去了它的激進特徵。

一旦與對宗教偏見和政治權威的批判，與實驗以及與做出判斷聯繫起來，寬容便成為維持現狀的堡壘。馬爾庫塞的論證又一次依託於媒介即訊息這一觀

念。就文化產業在公共論壇中圍繞任何問題提出的所有立場而言，它們最終看起來都具有相同的價值。文化產業所表現出來的寬容因此導致所有真理主張成為相對性的——或者更確切地說，接受它們變成了品味問題。這時，不僅美，而且真理也取決於觀察者的眼光。發生在藝術上的問題也發生在話語上。兩者都從屬商品形態，由此質的差異轉變為單純的數量差異。在考察帝國主義與戰爭或對於福利國家和神創論的抨擊時，某一種態度與其他態度並無高下之分。

大眾媒體使得反抗不比支持更為合理。壓迫性寬容乃是真實的現象。福克斯新聞(Fox News)就是這一概念的生動體現，但它並沒有減輕馬爾庫塞文章的相關問題。首先，宣稱寬容喪失了激進的稜角與聲稱寬容具有壓迫性是有區別的。政治重點也放錯了地方。真正的問題從不是壓迫性寬容，而是對寬容的壓迫。審查制度依然盛行，而且從歷史上看，當公民自由在發達工業社會受到限制時，左派總是遭受最沉重的苦難。

對於評判審查對象的標準、建立審查機制所需要的官僚機構或者這一官僚機構發展的可能性，馬爾庫塞的文章鮮有涉及。它也忽略了文化產業如何時常抨擊不寬容以及反動的價值觀：《All in the Family》及其主角邦克(Archie Bunker)開創了一股潮流。電視情景喜劇如《The Cosby Show》和《Good Times》或《Will and Grace》和《Ellen》或許沒有批判性地描繪被壓迫

群體和被污蔑群體的「真實生活」。但它們在為之服務的更廣泛的道德和政治議程上是進步的。討論次級群體所取得的成果的整合，或者討論它們如何強化了體制，只是在迴避問題的實質：這些成果是否受到馴化，或者體制本身是否被迫做出適應和改變？

馬爾庫塞的《單向度的人》突顯了將技術轉向克服匱乏和安撫生存帶來的可能性。然而，發達工業社會依然建立在資產階級（購買勞動力並控制生產資料）和工人階級（出賣勞動力並處於同生產資料的異化關係中）利益的結構性矛盾之上。但這一客觀矛盾並沒有在主觀上得到這樣的認識。由於共產主義真正的不足之處、西方資本主義的表面富足以及──也許最重要的──文化產業，工人階級一方缺乏政治覺悟。

馬爾庫塞在美國推廣了這一概念。事實上，如同法蘭克福學派的其他成員，他深切地關注文化產業如何預製經驗並使批判思考失去效用。他的觀點顯然建立在《啟蒙辯證法》的基礎之上。那些應該將性衝動和賦予生命的衝動在美學上昇華為藝術的東西，反而被文化產業改變為進行自我調整以適應商業邏輯的作品。「壓抑性的去崇高化」耗盡了它的解放和批判潛力。個人只得依靠他們自身的資源。孤獨和異化導致對文化產業的愈加依賴，也參與着幸福意識。流行藝術在削弱發揮烏托邦想象的心理能力的同

時，強化了這一系統。一件藝術品的流行帶來的是它的垂死掙扎。

但是，一件作品的流行是否必然會導致其批判性或藝術激進主義的喪失？表面上接連不斷的毫無緣由的反叛印證了阿多諾提出的「叛逆的順從」，膚淺的犬儒主義以及對於假想陰謀的偽英雄主義鬥爭體現出保羅・皮可尼（Paul Piccone）——將批判理論帶到美國的《Telos》雜誌機敏的主編——所稱的「人為的否定性」。

不過，查理・卓別林、鮑勃・迪倫（Bob Dylan）、法蘭斯・哥普拉（Francis Ford Coppola）等藝術大師當然並非如此。只有根據通常定義否認他們的藝術地位，指責他們作品的藝術價值才是可能的。而這就是霍克海默、阿多諾乃至馬爾庫塞——儘管有些變化——的看法。這是唯一符合《啟蒙辯證法》和《單向度的人》中物化觀點的立場。

法蘭克福學派提供了解釋，確定了標準，也引入了勉強的理由。但最終，沒有一位流行藝術家得到過法蘭克福學派的支持。多數成員完全不喜歡大眾文化。他們對此並不上心，也對其成就不感興趣。阿多諾在《最低限度的道德》中指出：「儘管滿懷警覺，每次去看電影都會使我更愚蠢、更糟糕。」他隨後會修正這一說法。但同樣籠統的判斷、同樣寬泛的指

責，也出現在他眾所周知的文章《論爵士樂》(1936年)之中。阿多諾從未澄清他所謂的「爵士樂」是何含義。但是，它是指特定的類型還是一般而言的流行音樂是無關緊要的。他的文章無助於理解具有自身標準的傳統究竟是什麼。文章對爵士樂的現場體驗鮮有討論，較少論及其同藍調的關係，更少討論其源起或其對於種族主義和貧困所主宰的生活的再現。《論爵士樂》滿足於指出由所謂虛幻的即興作品引起的心理退化和個性喪失，以及由如今(非常有趣)甚至不如古典音樂受歡迎的大眾現象所導致的簡單化的切分音。

《論爵士樂》呈現出一種強烈的文化悲觀主義。它基於一般性的主張，沒有涉及藝術家或藝術作品之間的區別。也沒有進行比較，比如阿姆斯特朗(Louis Armstrong)與懷特曼(Paul Whiteman)，或埃林頓(Duke Ellington)與其效仿者。由一批優秀女歌手詮釋並再詮釋的偉大歌曲也隻字未提。

在這個意義上，阿多諾的論文事實上反映出裝點了《啟蒙辯證法》的全面管制社會的無差別形象。由貝西‧史密斯(Bessie Smith)、埃塞爾‧沃特斯(Ethel Waters)和比莉‧哈樂黛(Billie Holiday)演唱的那些歌曲的歌詞顯然不會喚起真正的反抗。然而，反抗應該具有的含意依然如同以往一樣含混不清。同樣的情況也適用於政治。甚至馬爾庫塞也承認了這一點，他在《單向度的人》中寫道：「社會批判理論並不擁有能

彌合現在與未來之間裂縫的概念；不作任何許諾，不顯示任何成功，它只是否定。因此，它想忠實於那些毫無希望地已經獻身和正在獻身於大拒絕的人們。」[3]

3　譯文引自馬爾庫塞：《單向度的人：發達工業社會意識形態研究》，張峰等譯，重慶出版社1993年版，第216頁。

第七章
大拒絕

批判理論是20世紀60年代歐洲學生運動的重要思想動力。然而在美國，批判理論絕大多數影響深遠的作品直到20世紀70年代才得到翻譯。當時《終極目標》和《新德國評論》等雜誌開始擁有讀者，也開始宣傳其最重要的代表人物。關於異化、支配自然、倒退、烏托邦以及文化產業的複雜觀點使批判理論更貼近年輕知識分子，他們在動盪的年代走向成年，正視圖理解身邊在發生什麼。但青年的反叛和團結借助了文化產業。這使其激進特徵更為真實。即使在奧斯威辛集中營之後，藝術也並不是一項失敗的事業，這一點很快便顯而易見了。文化與幸福意識的聯繫從來沒有——或者還沒有——像某些人也許願意相信的那樣絕對。

新感性

20世紀60年代，激進人士依然在馬克思主義語境下理解批判理論。馬爾庫塞堅持認為，改變發達工業社會需要工人階級採取行動。但他感到，工人階級的

觀念已經受到文化產業、經濟收益以及政治權威的操控。革命意識只可能在其階層之外產生。婦女、有色人種、體制邊緣的反帝國主義運動、知識分子以及不循規蹈矩之人可能為工人階級提供的不只有革命火花，而且有更難以捉摸的東西：新感性。這些新的革命催化劑體現出安德烈·布勒東（Andre Breton）最初提出的「大拒絕」。

這裏，批判理論又一次顯示出它同現代主義的聯繫，布勒東是歐洲先鋒派的傳奇人物和超現實主義的指路明燈。他呼籲反抗日常生活的固定習慣，要求無產階級對國家採取直接行動。但布勒東首先支持一種拒絕熟知、一致和傳統的藝術形式。他的美學致力於抨擊敘事性的和線性的理性。

本雅明和阿多諾在20世紀30年代都已對超現實主義着迷。他們也都認同蒙太奇、意識流、頓悟以及無意識的解放。尤其本雅明認為超現實主義喚起了一種「革命陶醉」，它的敵人是資產階級社會的日常生活。大拒絕被馬爾庫塞理解為應對發達工業社會的殘酷、剝削和非人道價值觀的鼓舞人心的反抗。

作為他最受歡迎的作品之一，《論解放》認為大拒絕產生了烏托邦感性。聲稱青年反叛者體現出了這一點，無疑是誇大其詞。邊緣群體也許從來不是那麼邊緣。或許更好的說法是新的社會運動迅速發展——部分由於勞動力市場的緊張——剝奪了他們的革命和

烏托邦矯飾。他們最大的成就是通過法院和政治立法實現的。但過於犬儒是很容易的。戰爭和「軍工聯合體」遭到的反感隨處可見。人們對公開透明和民主問責提出激進的要求。林登‧約翰遜總統以「偉大社會」計劃回應來自基層社區組織和新社會運動的壓力。在南方為民權而戰的「自由乘客」是局外人。在歐洲和拉美，杜契克(Rudi Dutschke)和丹尼‧科恩–本迪特(Danny Cohn-Bendit)等激進知識分子的追隨者點燃了以工人自治(autogestion)民主理想為標誌的1968年大規模罷工浪潮，這一理想又回到了工人協會和巴黎公社。

環境主義、動物權益以及對大男子主義的抨擊都是新感性的產物。激進的教育改革結合了文化現代主義者對改造日常生活的要求。性觀念和種族關係發生了變化。生活品質作為一個基本問題浮現出來——而且審美觀念無疑也發生了改變。新左派表現出對於主體性的高度認同。有色人種、婦女、同性戀和知識分子都試圖去理解世界，並衡量自身存在的意義，進而為自身設定目標。新左派運動是將文化轉型置於首位的第一波群眾運動。正是這一點導致它貼近批判理論和法蘭克福學派。

20世紀80年代連同「9‧11」之後美國保守派對敵對文化進行的抨擊，帶來了以民族主義、軍國主義和帝國主義為名義的對福利國家和公民自由的全面抨

擊。馬爾庫塞在《反革命與造反》（1972年）中預見到了類似情況。他預測到保守派試圖破壞與新感性相關聯的政治利益和理想。他本人的感性與其說發生了變化，不如說是重點發生了轉移。他在最後一部獲得出版的作品《審美之維》（1978年）中指出，其「受之於阿多諾美學理論的恩惠無須任何特別的感謝了」。希望一息尚存——但它正在消退。明顯具有政治性的現代主義藝術（如布萊希特的藝術）中體現的大拒絕此時退出了舞臺。美學此時應當肯定的不是一場運動的意識，也不是某種新形式的歷史主體，而是真正的個人，他們的生存被一些比1968年運動的反叛者所想像的更為強大的力量置於危險境地。

自始至終，烏托邦與其說是既已實現的成果，不如說是對超越的渴望。尤其在文化產業界定公共生活的地方，在概念持續被簡化而理想變為陳詞濫調的地方，培養這種渴望或許就其本身而言具有了價值。這當然是霍克海默在晚年逐漸相信的。他也清楚，個人經驗很容易被操控，對超越的尋求之中也並非理所當然地具有批判衝動。既然有毒品、傳道者、狂熱崇拜，那麼也總是會有救贖和幸福的承諾。文化產業靠著幸福蓬勃發展。這種幸福是標準化的，並且被預先包裝好。但真正的幸福是向悲慘的現實做出抗爭。它只討論特定個體的經驗，如宗教的恩典觀念。

在《自我與自由運動》（1936年）中，霍克海默堅

稱無條件的幸福不可能存在——只可能存在對它的渴望。這種渴望拒絕了商品形態和工具理性將定性的轉變為定量的以及將神聖的轉變為世俗的所有嘗試。我們每一個人對於不朽、美、超越、救贖、上帝——或霍克海默最終提出的「對全然的他者的渴望」都有本能慾望。他不作任何承諾，不描繪任何儀式，也不提供任何教派。但這種渴望為反抗全面管制的社會並肯定個性提供了基礎。對於全然的他者的渴望完全不同於有組織的宗教。然而，它對否定的依賴結合了它對天堂的希望以及在經驗上肯定自性的能力。

布洛赫曾經提出，真理是一種祈禱。而無法表達的東西也許最好以音樂來表達。它提供了同我們內心深處的邂逅。同樣，在經典的《新音樂哲學》(1958年)中，當阿多諾堅稱暗示「某個人的回歸」是「所有音樂都可以表達的，即便是在一個理應衰亡的世界」時，他顯然指的是拯救。所有這一切都傾向於以一種方式將否定和烏托邦與存在經驗聯繫起來。剝去所有的決心和調和，宗教、藝術和哲學可以引出(儘管沒有定義)清晰和希望的暗示。黑格爾認為，歷史的進步使心靈的這些領域越加涇渭分明。但這種觀點被法蘭克福學派顛倒了。宗教、藝術和哲學此時在他們提出的無法表達的真理中幾乎是可以互換的。

無論它們之間存在什麼差異，都沒有任何實際意義。自由是模仿不了的——如同上帝——地獄也是如

此。當阿多諾提出「奧斯威辛之後再無詩歌」這句《文化批評與社會》(1951年)經常被引用和修正的結語時，表達的正是這種態度。猶太教的宗教訓諭此時具有了美學形式。邪惡的化身如同善良的化身一樣，只能被暗示，無法被描繪：上帝的任何客觀化都不可能足夠完美，而大屠殺的任何客觀化也不可能足夠駭人。當阿多諾在《最低限度的道德》中寫到「文化只有從人那裏退出，才能對人忠誠」時，提出了這一態度的激進含義。

擁抱否定

　　法蘭克福學派流露出歐洲現代主義氣息。從19世紀最後25年直至1933年納粹取勝，似乎一個國際先鋒派一直在對抗新興的大眾社會及其顯著的官僚主義、標準化、科學理性以及商品形態。無數印象派藝術家、立體派藝術家、表現主義者、未來主義者、達達主義藝術家以及超現實主義者都試圖重新體驗世界。他們以烏托邦想像和個性解放的名義通過鋪天蓋地的哲學—美學宣言向所有有關藝術的「現實」目標的東西發起進攻。反抗從政治領域轉移到文化領域。或者就法蘭克福學派來看，哲學提供批判性思考的部分與美學所強調的體驗熱情相融合。否定成為先驗反抗的節點，主體性在此向虛假條件的本體論提出質疑。

法蘭克福學派始終對組織化政治保持懷疑。其異化和物化觀念中固有的看法是，將理論同實踐聯繫起來只會推進可怕的簡單化計劃。反智主義的危險似乎顯而易見，在《批判模型II》(1969年)所包括的《屈服》及其他文章中，阿多諾表達了他對那些聲稱「已經說夠了」的人們的輕蔑。考慮到文化產業呈現實踐活動的方式，他們希望「參加」的實踐永遠都並非足夠激進。年輕人需要從極權主義運動及其宣傳機構和對個人的蔑視中吸取教訓。肯定個性是對全面管制的社會的最佳回應。但所有這一切都有某些自利的成份。

　　證明目的與手段之間似乎具有合理聯繫的活動，與行動本身或阿多諾所謂的「行動主義」不是一回事。理論當然不能簡化為實踐。但這並不意味着它應該將闡明變革的限制和機會拋諸腦後。政治行動並不總是引起反思，這是重要的一課。阿多諾教授這一課是對的，但他對「思考」的號召聽起來如同迂腐的中小學教師發出的嚴厲指令；這成為高居爭論之上的代名詞。屈從始終保持原樣，即拒絕參與，並且退出有組織的體制改革計劃。

　　阿多諾收錄在《文學筆記》(1969年)中題為「參與」的文章，是對布萊希特和讓–保羅·薩特的直接抨擊。他們都同情共產主義，也都強調有必要將文學與關於政治潮流的黨派觀點聯繫起來。薩特在《什麼

是文學？》(1947年)中寫道，沒有一本偉大的小說能支持反猶主義。着眼於布萊希特的說教式劇作，比如《決定》(1930年)中的著名語句「黨有上千隻眼睛，我們只有兩隻」，阿多諾反駁道，也沒有一部偉大的小說可以讚揚莫斯科審判。他一直認為，政治參與文學這一觀點是自相矛盾的。它既不能對總體性進行批判(因為藝術作品在政治上總是黨派性的)，也不能提供任何有意義的烏托邦展望(因為真正的幸福始終超然於對象化)。

描繪一個完全管制的社會——一個沒有出路和意義的噩夢般的官僚主義世界——中主體性被摧毀的能力，恰恰使卡夫卡的作品對這一派批判理論產生重要影響。卡夫卡總是有些難以捉摸的東西。是什麼呢？不僅是主體性，無論是人物的，還是旁觀者的，而且還有激發它的方式。

《美學理論》(1969年)提出了抵制一切對象化的主體性、自由和烏托邦諸概念。阿多諾的巔峰之作——顯示了他的非凡智慧並證明了他持久的吸引力——強調了作為社會單體的藝術作品中產生的緊張關係。康德認為審美體驗表現出一種有目的的無目的性，因此存在於相同的現象之中，這種現象按照馬克思的看法表現為特定的壓迫形式。形式與內容、反思與經驗、技術與靈感、烏托邦希望與人類學的否定之間的衝突都融入這部作品之中。藝術作品因此是衝突

的張力的「力場」。批判美學應當強調這些張力。它的真正目標不是通過對人物、敘事和主題的某種常見認同建立對世界的共同認識，相反是強化經驗。根據阿多諾的看法，這就是藝術的典型瞬間是「焰火」的原因。

沒有多少藝術家有能力創造這一瞬間，而阿多諾論貝克特(Samuel Beckett)一齣戲劇的文章《理解終局》(1961年)既是對戲劇技巧的精闢研究，也是對他的總體美學觀的精湛概括。貝克特創造了一個幻想的世界，每個人的體驗都不盡相同。它的「事實內容」表現為它對物化和異化世界的美學形式的反抗。然而，它得到的反應的特點是無法言傳的：對於每一位觀眾來說，它都是獨一無二的。

對全然的他者的渴望無疑使這種渴望本身被感知到。阿多諾當然知道這一點。他畢竟從本雅明那裏瞭解到，美學批判建立在(無望的)救贖希望之上。浪漫主義者和保守派仍然傾向於相信的美好的過去是不存在的。貝克特的《幸福時光》(1961年)以其人物最終被埋在沙裏直到脖子卻還沉湎於回憶從未發生的過去，對這一看法提出了強烈的控訴。貝克特的這兩部戲劇在舞臺表現和對話上都是極簡主義的。應該指出的是，阿多諾總是試圖避免對於美學形式的運用退化為形式主義，避免烏托邦渴望淪為非理性主義。他做出的修正在於將作品與虛假條件的本體論批判地聯繫起

來，並拒絕所有正確地生活在錯誤生活中的輕率嘗試。

《否定辯證法》（1966年）就是這項事業的哲學表達。它的出發點是建立在《黑格爾：三篇研究》（1963年）基礎上的理念論元批判。歷史與自由的背道而馳再次成為討論的中心。個人和社會之間不可能有預製的和諧。在主體和客體之間建立同一性是自欺欺人。歷史是非自由的領域，是對全體性日漸增強的征服，是需求和工具理性對幸福和主體性的勝利。對進步征程的信念因極權主義的勝利而破滅。以通用術語對個人進行概念化從一開始就是一個錯誤。

康德被這個看法所驅使。黑格爾和馬克思也不例外。他們的目的論觀點以帶來註定失敗的主、客體統一的名義，似乎證明每一次犧牲都是正當的。無論是被世界精神還是工人階級征服，個人的經驗錨地都會蕩然無存，而且事實上被剝奪了權力。

《否定辯證法》和《黑格爾：三篇研究》向這套設想提出了質疑。它們都表明，那應當帶來更加積極的自由決定的黑格爾式「否定之否定」，事實上由於日益嚴重的物化而破壞了自主性。阿多諾的這些著作本身確證了否定，而沒有涉及對於進步的任何歷史的理解。解決個人與社會之間的緊張關係是不可能的。試圖提出解決辦法是一項有違初衷的事業。相反，否定辯證法堅持主體與客體、個人與社會以及特殊與普遍的非同一性。然而，非同一性不能簡單地予以聲

圖8 根據阿多諾的解釋，貝克特的《理解終局》激發了主體性，從而可以抵抗全面管制的社會。這張照片呈現了劇中的一個場景

明。需要以批判性思考解釋非同一性如何在特定情況下體現出來，以及特定經驗如何避開了客觀化。

阿多諾在1965年的一次討論《否定辯證法》的演講中澄清了這一點：「哲學是通過調和以及情境化來言說不可言說之物的矛盾努力。」對全然的他者的渴望促成一種處境，在這種處境中概念必須不斷設法把握非概念性的東西。阿多諾的觀點與貝克特的《難以命名者》（1953年）中「我不能繼續下去，我將要繼續下去」[1]的觀點之間的聯繫是顯而易見的。

反抗包括拒絕虛假條件的本體論，而不認為它是可以改變的。哲學的反抗也與美學和宗教反抗融合到一起。黑格爾並沒有得到新的理解，而是被徹底否定：他的「絕對理念」三個階段之間的本質差異被廢棄。只剩下對自由難下定義且不甚確定的渴望進行反思，激發這種渴望的是否定它能夠實現的現實。這裏還有團結的最後一絲蹤跡。元批判沒有為能夠在商品形態、官僚科層和文化產業主導的世界中具體促進（或抑制）團結的機構或組織留有任何空間。

因此，團結如同反抗一樣採取了一種新的形而上學的形式。歷史唯物主義的邏輯內在地支持這樣一種變化。共產主義消亡了，社會民主主義遭到馴化，文

1　譯文引自王雅華：《「小說」的終結和「文本」的開始：貝克特小說〈怎麼回事〉之後現代寫作特徵解析》，《外國文學》2013年第1期，第51頁。

化產業使人們無法設想出一個變革的代理人。現實本身要求將形而上學置於唯物主義之上。阿多諾因此能在《否定辯證法》中寫道：「一度似乎過時的哲學由於那種藉以實現它的要素未被人們所把握而生存下來。」[2]

2　譯文引自阿多諾：《否定的辯證法》，張峰譯，重慶出版社1993年版，第1頁。

第八章
從退卻到新生

　　批判理論最初試圖替代形而上學和唯物主義的主流形式。它的目標是闡明壓迫背後的根源和遭到忽視的變革的可能性。然而，隨着第二次世界大戰的爆發，法蘭克福學派得出的結論是解放的替代方案已經消失了。批判理論在黑格爾的所有牛在其中都是黑的那樣的黑夜中醒來。[1] 反抗呈現出越來越具有存在主義色彩的形式。它此時基於個人與社會之間非同一性的強化。「體系」成為參照物。否定面對着虛假條件的本體論。烏托邦的暗示與文明展開角逐。「他要麼一切都想要，要麼一切都不要。」布萊希特曾經寫道，「面對這個挑戰，世界通常回答：那最好什麼都不要。」

社會批判理論

　　法蘭克福學派最早在美國受到歡迎，是因為吸引了其第一位歷史學家馬丁·傑伊提出的「1968年的一

1　譯文參考黑格爾：《精神現象學》（上卷），賀麟、王玖興譯，商務印書館1981年版，第10頁。

代」。直至20世紀80年代後期，批判理論在主流學術圈仍然被認為是異類，甚至在進步知識分子中間也被認為有些異乎尋常。然而，隨着新左派的衰落，法蘭克福學派逐步被納入學術界當中。批判性法律研究、批判性種族理論、批判性性別研究開始質疑佔據主導地位的範式與觀點。不過，伴隨下層群體從公共生活的暗影下浮現出來，對一個一體化統治體系的全面抨擊開始減弱。新的重點放在對抗宏大敘事和公認的西方傳統準則上，乃至對抗大眾文化也混入其中。社會批判理論及其一致性，逐漸陷入危機。它的變革目標採取了越來越隨意的形式。

應對現代社會中的帝國主義剝削、經濟矛盾、國家、大眾媒體以及反抗特徵的新方案尚未產生。否定論給批判理論蒙上了一層陰影。黑格爾和馬克思的思想繼承人此時對權力缺乏理解，以至於沒有能力應對權力失衡。法蘭克福學派一些更受忽視的作品中存在着糾正措施。

諸如波洛克(Friedrich Pollock)的《國家資本主義》(1941年)等文章提供了一個出發點。它對計劃經濟的分析促使我們思考關於自由市場的討論是否是時代錯誤，而國有化的傳統概念是否等同於社會主義。基希海默(Otto Kirchheimer)的《限定條件與革命突破》(1965年)警告現代國家趨於使應急權力「常規化」。馬爾庫塞和諾伊曼(Franz Neumann)身後發表的文章如

《社會變革學說史》和《社會變革理論》討論了真正的社會批判理論必須面對的預設。

批判理論的當代哲學和文學分支通常將權力作為一種人為的社會或語言結構加以對待。積累過程消失了，體系擁有了自己的生命，個人要在缺乏任何機構或組織參照的認同或關懷理念中，為團結尋找一個共同的基礎。由此，統治與剝削相分離，原則與利益相脫節。哈貝馬斯為批判理論中明顯的形而上學和主觀趨勢提供了替代選擇。

在他看來，溝通天然地基於話語的開放性、對每一個參與者平等地位的承認以及每一個人面對更好的觀點時改變其想法的意願。簡而言之，溝通不需要某種與實踐相分離的形而上學道德標準。它擁有自身的「普遍語用學」。或者換一種方式說，正是在強烈的溝通意願下，溝通的道德標準在促進一致性的同時，保持着自主性。那些拒絕這種道德規範的人，或那些隨意行使權力的人，也就拒絕了他們用來進行勸導的方法：從哲學的角度來講，他們發現自己陷入了一種「踐言衝突」[2]。

但批判理論的形而上學轉向抵制了——或者更確切地說吸收了——哈貝馬斯的挑戰。《羅伯特議事規則》體現了相似的原則。當然，這部指導公眾集會的

2 　譯文參考韓東暉：《踐言衝突方法與哲學範式的重新奠基》，載《中國社會科學》2007年第3期，第67頁。

手冊是否得到參與者的認真對待是另一回事。普遍語用學的實際貢獻並不是不言自明的。溝通的道德標準允許自由主義者和理性主義者無論何時避免陷入踐言衝突，都可以自我稱許。然而，他們的眾多政敵在衡量真理主張時，將直覺和經驗放在首位。另一些更極端的人對真理主張完全不予關注。這些人中的絕大多數在陷入踐言衝突時大概都會回以，那又如何？

　　向權力講真理的前提是能夠使真理看得見——並且摸得着。《權威人格》（1950年）在這方面提供了重要的幫助。這部由阿多諾和其他各位合作者編輯的著作注意到個體之間的心理差異，要求不僅着重對反猶主義者而且對一般的狹隘和偏執人格進行再教育。其作者使用諸如著名的「F量表」或「法西斯量表」之類的經驗技術，闡明了反動性格結構，並對其後果予以譴責。他們着重指出權威人格如何對局外人、新來者以及異己者表示輕蔑。他們突顯出其對暴力的偏好，並呼籲採取促進寬容的政策。

　　當然，乍一看，這一點出自否定辯證法的創立者是有些奇怪的。這項研究帶有大眾教育和適應既有標準的味道。此時似乎有可能去干預在其他地方被視為毫無漏洞的整體。但隨後的警告是，權威人格和非權威人格的差異與其說是類型上的，不如說是程度上的。它們之間的本質差異看起來更加虛幻，而非更加真實。作者們在接受改革和否定改革效用之間搖擺不定。

圖9　位於倫敦的馬克思墓碑上的著名碑文中可以發現批判理論新方向的
　　　來源：「哲學家們只是解釋了世界。問題在於改變它！」

阿多諾在《社會學導論》（2000年）及其他著作中表明了他對公民消極被動的反對和對進步改革的支持。但代理人問題在理論上仍然懸而未決。他也從未討論改革對於全面管制的社會或虛假條件的本體論的影響。說阿多諾本應對資本主義下的交換關係進行批評，並沒有改變問題。全面管制的社會及其所需要的真正的否定，都與任何得到普遍接受的政治行動理念隔絕開來。因此，在《理論、實踐和道德哲學》（2001年）中，阿多諾可以設想一種「抵制實用性召喚」的新的實踐形式，正因為它拒絕任何工具性運用，由此「自身包含着實用元素」。或者更簡單地說，理論成為了實踐——儘管它不需要為解放社會做出任何具體的貢獻。

批判理論的形而上學轉向，連同全面管制的社會和虛假條件的本體論等範疇，都需要加以審視。法蘭克福學派關於前者的經驗主張是站不住腳的，對後者的哲學依賴也無助於使它們立足。將作為革命代理人的無產階級排除在外並沒有帶來一個全面管制的社會，而是導致精英階層——或者說統治階級——圍繞特定社會政策、文化價值觀以及體制發展發生分裂。這些問題對勞動人民和下層群體的影響截然不同。馬克思所謂的資本的政治經濟學與勞動的政治經濟學之間仍然存在對立。

以一個與全面管制的社會相似的概念之名忽視真

正的意識形態和物質利益衝突，妨礙了以有意義和創新的方式解釋事件的能力。其中涉及的遠不止溝通上的誤解或陷入危機的生活世界。有意義的團結概念適用於社會當中的實際衝突。事實上，如果不將這些概念放在首位，反抗和統治都會失去它們的歷史特殊性，因此也會喪失具體性。它們不過成為又一對詞語。

異化和物化曾經涉及統治經驗，並涉及變革實踐的必要性。如今它們主要充當不作為的藉口。在我看來，為了再次突出這些概念，重點在於對它們進行區分。大概最好由如下方式開始：青年馬克思為克服分工並重新確立人對生產過程的控制，為異化下了定義。

不過，異化在20世紀接受了其他內涵。它開始變得難以捉摸並堅定不移地與內疚、恐懼、死亡定數和無意義的感覺聯繫在一起。對異化的唯一回應是烏托邦，或者進一步說是存在問題，這些問題困擾着我們以及我們的存在的人類學基礎。相比之下，物化應當被認為是可以相互替代的——也是社會行動的目標。它所展示的與其說是先進工業社會的架構，不如說是其運作方式產生的影響。工具理性不過是一種有效解決匱乏問題的數學技巧。它可以向前資本主義偏見的受害者賦予權力，如同它可以將工人降格為生產成本、將人類貶低為可支配資源一樣容易。

重要的不是官僚主義和工具理性的形式特徵，而是決定它們如何被利用的(通常隱藏的)價值觀和利

益。批判理論應該仔細研究有意義的目標，或者更應該審視塑造着我們的生活的政策和制度中所包含的不同的優先事項和利益。對工具理性形式特徵的執著本身就是一種物化的表現，它削弱了對於科學及其方法的解釋。

批判理論最初通過將社會研究從對自然的研究中分離開來直面正統馬克思主義。然而，從認識論的形式主義角度看待工具理性弱化了這種區別。嘗試將科學理論和技術創新置於背景中進行社會學研究是合理並且重要的。然而，對於一種規範理論而言，判斷科學理論和技術的內部運作是另一回事。粗略地說，批判理論可以為諸如愛因斯坦提出的相對論的歷史成因和社會用途提供卓有成效的視角，但它不應試圖對其真理性做出哲學判斷。

批駁物化並不能抹殺對於專業知識的需求以及瞭解人們在談論什麼的能力。一門新科學，尤其是缺乏驗證其真理主張的標準的新科學，關於它的烏托邦看法也由它們反對的物化定義。批判理論最好建立在卡爾·波普爾於《科學發現的邏輯》（1959年）中提出的「可證偽性」概念的基礎上。20世紀60年代，法蘭克福學派與其更傾向於科學的對手之間激烈的「實證主義論戰」，從許多引人關注的角度探討了這一問題及其他問題。然而，對於將科學的真理主張視為暫定的並可根據未來研究加以修改，批判理論的擁護者通常

傾向於低估其方法上的重要性和現實意義。事實上，這一立場恰好符合批判事業。

可以肯定的是，科學範式及其驗證事實主張的標準將隨着時間的推移而改變。甚至「範式轉變」也將發生。托馬斯·庫恩（Thomas Kuhn）在他的名著《科學革命的結構》（1962年）中指出，它們之所以會發生是因為遇到了舊的科學方法無法充分解決的新問題——並不是因為哲學家們基於一種難以表達的烏托邦願景參與了對科學的某種抽象控訴。

相比之下，清晰的烏托邦方法也許會有所裨益。在不拋棄自然科學但同時限定其概念適用性的情況下，布洛赫的《阿維森納與亞里士多德左派》（1949年）以對亞里士多德的重新解釋為基礎，提供了一種新穎的對自然的宇宙觀。這部著作突顯了亞里士多德被忽視的理解生活世界的潛能和活力理念，利用阿維森納和阿威羅伊將自然的創生能力（能動的自然）與其經驗表達（被動的自然）並列對照，形成了一種生態系統觀，隨後對現代生態學和環境主義產生深遠影響。

布洛赫認為自然不可以簡化為它的經驗成份（這正是資本主義理性所假定的），它還是人類維持生命的要素。傳統的科學理性有它的位置，但自然界中的宇宙學原理為工具理性所能確定的事物設置了界限，並為其應用設定了道德優先次序。生態系統成為耕作和儲藏的根據。認識到隱藏在自然的客觀表現背後的自然

主體或自然維持生命的能力，是真正的激進主義和任何有意義的烏托邦觀念的先決條件。因此，布洛赫對唯物主義的思辨性探索無論有何問題，都具有社會意義：它的批判對具有如此破壞性影響的既有環境假說提出了積極的觀念上的回應。

參與批判不一定需要在人類學上與現實決裂。要評估任何特定問題的備選方案，就需要制定規範。但規範如果不與往往彼此衝突的利益以及實現這些利益的能力相聯繫，就只能停留在抽象意義上。權力是現代社會一個無法擺脫的要素。它既不是人為構建的，也不是意志的隨意決定。它的協調和限定規定着社會的性質及針對它的政治反應。自由再次成為對必然性的洞察。

諾伊曼在他的經典文章《權力研究方法》（1950年）和《自由概念》中間接提到這些問題。他注意到，現代社會面臨的問題與其說是對政治權力的限制，不如說是對它的合理利用。只有做出這一區分，才有可能防止物化理論本身逐漸被物化。批判始於它對自由的信奉。然而，要使這一點具體確鑿，理論就需要涉及權力問題。正如機構可能保有過多權力，它們也可能保有過少的權力。相互競爭的制度設想會提供不同性質的政策選擇。要區分合理和不合理的權威和政策形式，就必須有標準。它們應當由一套真正的社會批判理論予以提供。

啟蒙政治

啟蒙理論與實踐的關注重點是限制制度性權力的任意行使、促進多元性並使個性得以發揮。貫穿於過去那些偉大的進步運動的不是「大拒絕」，而是這一系列的道德和政治主題。社會主義工人運動、民權運動、婦女解放運動、東歐反對共產主義的運動以及全世界的宗教和曾經的被殖民世界中最為民主、平等的浪潮，莫不如此。道理顯而易見：要激發批判理論的變革目標，就需要修正其對啟蒙遺產以否定為主的看法。

本雅明的《德意志人》（1933年）或許提供了一個起點。該書由他多年收集的書信組成。它們並非出自名人手筆，而是他們的朋友、親人或同伴寫來的。這是一些受到啟蒙理想啟發的普通人，比如康德的兄弟或歌德的密友。這本小書對共識予以指責。啟蒙超出了知識分子的小圈子。它的政治觀念和文化關懷向一些人發出召喚，他們在尋求一個更為合理、更加自由的世界。

法蘭克福學派完全錯誤地認為啟蒙運動——或者更確切地說是其科學理性——應該被解釋成是得意揚揚的，或者是與其對手的理論和實踐相隔離的。啟蒙思想一直以來都是防禦性的。情況始終如此。從19世紀早期的「一無所知黨」到「三K黨」，再到「美國

第一論者」，直至我們這個時代的「茶袋抗議者」[3]，美國事實上遭受了霍夫施塔特(Richard Hofstadter)所說的其政治中的「偏執」壓力之苦。對世界大事極其浮光掠影地一瞥，進一步證明了這一評判是有道理的。人權、寬容、世界主義理想(乃至科學)幾乎在各地都遭到宗教狂熱、文化地方主義以及專制反動勢力的圍攻——或者至少是挑戰。

布洛赫的《我們時代的遺產》(1935年)提出，現代性引發了憎恨，導致前現代選區的選民轉而支持原始價值觀，他們感到身受現代性影響的威脅。在分析法西斯主義時，他考察了多個社會領域中存在的矛盾，這些矛盾從一個時期被帶到下一個時期，並在這個時期中呈現出新的特徵。舉例來說，如果說資本主義社會是由特定的階級利益衝突塑造的，它還是展現出前資本主義的(因此是非同步的)性別歧視或種族主義甚或領導權問題，這些問題需要以往未曾預料到的解決辦法。即便僅僅出於這個原因，未來也永遠是開放的。這個看法需要告訴人們的是，現代性在政治和意識形態上的反對者仍然能夠獲得權力。

在抨擊啟蒙運動時，法蘭克福學派忽視了伯林爵士(Sir Isaiah Berlin)率先提出的反啟蒙運動。保守派中的傑出人士，比如哈曼(Johann Georg Hamann)，在知

3　此處譯文參考陳正倫：《從社會文化角度看Tea Party政治運動術語的漢譯》，載《宜賓學院學報》2012年第1期，第100-101頁。

識水平上要遜色於他們的自由派對手。他們使自己暴露成如此專斷、狹隘、頑固之人，以至於如今幾乎不值得被閱讀。而忘記了他們，法蘭克福學派對啟蒙運動提出的批評便最終被證明是有所扭曲的。這一現象是根據背景並以理論上的參考標準來加以判斷的。

自由共和主義和民主社會主義都源於啟蒙運動。在那些質疑不負責任的機構行使強權的人中間，啟蒙運動的熱心擁護者站在了前列。而他們也通過抨擊基本的暴行、宗教教條主義、無知、迷信、仇外以及不禮貌行為，為公民社會的轉變做出了貢獻。啟蒙遺產只是在其社會和政治意義上有所收穫。有三個基本政治觀點需要批判理論加以考量：

(一)啟蒙運動的諸理想表現出一種與反權威運動有選擇的密切關係。左翼運動傾向於將世界主義置於地區主義之上，將理性置於直覺之上，將懷疑置於傳統之上，將自由置於權威之上。唯一合理的是，右翼運動應該接受反啟蒙運動。兩大運動從一開始就處在對立之中。啟蒙辯證法是一種幻想。

(二)啟蒙運動的諸準則具有內在批判性。當偏見的受害者要求採取補救行動時必然會提到它們。此外，沒有任何習俗或傳統能免於審視。甚至許多其最著名的代表人物所持有的個人偏見都遭到了與啟蒙運動有關的普遍準則的辯駁。

(三)啟蒙運動的諸原則促進了多元主義。它們明確反對整合性民族主義和統一共同體。它們還強調包容、實驗方法和自治。只有自由法治是有效的,才有可能談論對主體性的自由而實際的運用。

所有這一切都沒有得到法蘭克福學派核心集體的充分認識——其後果在對待大眾教育和文化產業方面是顯而易見的。在不加區別地對待藝術品和其他商品的情況下,文化產業被法蘭克福學派視為審美體驗的標準化和主體性的危機。它沉迷於通過不斷降低大眾口味實現利潤的最大化,因此必然會出現文化標準的喪失。大眾性將作品整合到體系之中。作品的批判性及其提供一種獲得解放的替代選擇的能力由此必定減弱。隨後只有高度複雜精緻的藝術品,可以引出那些被壓制的、能夠抵抗大眾社會消耗性衝動的烏托邦形象和主體體驗。

然而,文化產業並沒有停滯不前。它的美學創造和技術發明是驚人的。它通過催生眾多大眾群體促進了多樣性——每一個群體都有其自身的判斷標準和意圖。其許多作品向現狀和物化發起挑戰。但這還不是真正的要點。堅持主張真正的藝術必須以某種方式質疑虛假條件的本體論,是在懷念喬裝為激進主義的研討室。

批判理論由此使自身面臨着嘲諷:其否定論作為解放者出現,卻既不能確定解放應該採取的形式,也

不能應對被壓迫者對壓迫的接受。尤其是，對於什麼構成反抗，否定辯證法的擁護者完全武斷的口吻是公開的，而除此之外，他們似乎從不願意將任何問題放到枱面上。文化始終被用來維護強者的統治和弱者的恭順。布萊希特在《屠宰場的聖約翰娜》（1929年）中寫道：「統治思想是那些統治之人的思想。」然而，法蘭克福學派由於在抽象問題上的專注，剝奪了抵抗這些思想的物質參照。

文化機器內部的意識形態鬥爭仍然是不具體和不確定的。左派的極端民粹主義傾向可能會以使其成為自身壓迫的同謀的方式譴責複雜性、忽視標準並拋棄經典作品這一觀念。然而，相比於批判理論尚未開發的塑造進步政治意識的潛力，它可能更會受益於較少地強調文化產業操縱藝術的方式。

《週六夜現場》和喜劇女演員蒂娜‧菲（Tina Fey）幫助擊垮了州長佩林（Sarah Palin）——2008年參議員麥凱恩（John McCain）和共和黨選定的聲名狼藉的副總統人選——至少是在這場競選當中。右翼煽動者當然利用了大眾媒體。但是，文化產業最好被視為批判哲學家道格拉斯‧凱爾納（Douglas Kellner）所稱的「鬥爭地帶」，在這裏，帶着對立意識形態觀念和價值觀的不平等的對手之間不斷展開較量。或者換一種說法，文化產業是商品生產的一個分支，可以證明它對商品生產是具有批判性的。

本雅明在《機械複製時代的藝術作品》（1935年）中探討了這些主題。這篇著名的隨筆將前現代與現代繪畫體驗並置在一起。發生在宗教背景之下的與繪畫的前現代相遇，沐浴在一種「光環」之中：旁觀者認為作品是獨一無二的，是真實的，是超越創造它的技術的鮮活象徵，並且植根於一種顯而易見的傳統。複製這一作品的技術能力——想像一下畢加索的畫作變成一名大學生裝飾牆壁的貼畫——剝離了它的光環、獨特性、真實性及其在固有傳統中的底色。光環的喪失會強化異化的感覺和反動運動的吸引力，這些運動試圖提供一種虛幻的歸屬感。但光環的喪失也可以使作品面對批判性反思或本雅明所説的「高度的冷靜」。

隨後出現兩種可能性：觀眾或者屈從於情感操縱，在一種不真實的嘗試中體驗無法再被體驗的東西，或者利用批判性思考培養存在意識和政治意識。然而，文化產業的批評者事實上在絕大多數時候都否定這樣一種選擇：光環的喪失通常被理解為主體性受到操縱的預兆，並且證明藝術疏遠了廣大公眾的品味和興趣。

娛樂和思考並不總是相互排斥的。另類媒體和網絡空間為進步力量提供了新的選擇。精於技術也並不一定被證明是自我放縱。備受阿多諾崇敬的卡爾·克勞斯以惡意的嘲諷和如今幾乎找不到的語言工具抨擊

他那個時代的媒體以及墨守成規的知識分子。但克勞斯對於代表着他所處時代的「想像力的失敗」的攻擊有一個具體的焦點：它針對的是那些無法預想自己文字的實際影響的文化名人。

類似的關注點成為實驗小說——雖然極具爭議——的標誌，比如貝克(Nicholson Baker)的《人類的硝煙》(2008年)。這部關於兩次世界大戰間隔期以及種族屠殺起源的著作有着成百上千條引文和軼事供讀者組織到一幅星圖之中，它分析了政治暴力的可怕衝動，抨擊了神話偶像，重拾被遺忘的有良知的男女並具體呈現了和平主義的尊嚴。人們有可能不贊同作者的結論，但不可能忽略他運用的對歷史的批判視角或貫穿在他作品中的道德衝動。文化產業內外足夠多的大眾知識分子都參與構建了新的星圖，並且打亂了歷史——時常帶着政治的目的。

變革的衝動

批判理論最初試圖成為一項每個人都可以發揮其獨特的學科才能和專長的跨學科事業。它的代表人物強調哲學與政治學、社會學與心理學以及文化與解放之間的關係。他們構想了總體性，並且改變了社會科學、人文學科乃至自然科學解釋者看待世界的方式。

法蘭克福學派對陳腐的概念提出疑問。他們着眼

於文化遺跡、消逝的希望以及霸權文化勢力忽視或壓制的東西。他們要求那些致力於解放理想的人們對新的可能性和新的限制做出回應。他們也暗示需要對理論和實踐的關係做出新的理解。這是一份值得保存的令人自豪的遺產——儘管不需要盲目崇拜這種或那種態度或預言。批判理論有新的狀況需要面對：世界變大了，與古老文明的新的碰撞已經發生，身份成倍增加，而且——或許是第一次——有可能談論全球經濟和文化體系。

當霍克海默接管研究所時，他希望批判理論成為一種公共哲學，而不是又一種滿足專家群體需要的學術專業。如果這仍然是目標所在，那麼批判理論家就不應再採用納稅表格式的風格，並且需要放棄對大眾文化一邊倒的分析，這種分析基於一種看法，即大眾性——或者說清晰易懂——在某種程度上對作品的激進性天然有害。

只有對公共問題予以質詢並對社會阻礙個性發展的方式提供替代選擇，才有可能孕育一種激進的公共哲學。批判理論對托馬斯·曼率先提出的「權力保護下的內在性」已經沉迷了太久。需要以新的目標和方法闡述社會、經濟和政治權力的失衡，並且要關注干預的前景。

這樣一項事業有賴於闡明既有的意識形態和制度試圖隱藏的價值和利益——以便普通人可以對它們加

以判斷並適當地予以回應。米爾斯（C. Wright Mills）在《社會學的想像力》（1960年）中恰恰提出了這一點。在這部深受批判理論影響的經典著作中，這位著名的激進思想家號召學者和知識分子將「個人難題」轉變為「公共議題」。女性已然將亂倫和配偶虐待由私人問題轉變為公眾問題；同性戀公民主張有必要以立法應對「仇恨罪」；有色人種在挑戰制度性種族主義；為了使大量權力機構向那些沒有被賦權的人們負責，人們業已付出的——和正在付出的——其他努力難以計數。

代理人並沒有從世界上消失。激進的社會運動依然存在，但它們因嚴重而持久的分歧陷入分裂，為資源、忠誠和宣傳彼此競爭。參與單獨協議的道德經濟，對於有組織的利益群體存在着吸引力——以至於作為整體的左派還不如其某些部分的組合。批判理論可以結合新範疇和新原則服務於利益協調，它同樣還有其他任務。

民主尚未完成；世界主義遭受着認同的挑戰；社會主義需要新的定義；階級理想仍有待實現。過去的文化遺產依然沒有被喚醒；我們對世界的體驗還是那麼有限；人們的學習能力仍需要有標準來確定要教什麼。對於那些散落在歷史中的被遺忘的烏托邦碎片，或許依然存在新的拯救形式。參與解決這些問題需要一種具有解放準則的跨學科視野。討論諸如正義、自

由等規範性理想的空間總是存在的。

　　對於存在的結構和意義的本體論範疇，情況也是如此。但試圖表達不可表達之物已經成為一種迷戀，相比於對此予以縱容，批判理論家還有更好的事情要做。最好是辨別出什麼是顯而易見而非未被認識的、痛苦但可以補救的，以及被壓迫卻可以賦予權力的。只有以一項多方面的變革計劃面對世界，批判理論才能再次顯現出它的獨特性以及它充滿活力的理想的重要性：這理想就是團結、反抗和自由。

推薦閱讀書目

Chapter 1

Illuminations: The Critical Theory Web Site. www.uta.edu/huma/illuminations/

Arato, Andrew, and Eike Gebhardt, eds. *The Essential Frankfurt School Reader*. New York: Continuum, 1982.

Benhabib, Seyla, et al., eds. *On Max Horkheimer* Cambridge, MA: MIT Press, 1995.

Bronner, Stephen Eric. *Of Critical Theory and Its Theorists*. 2nd ed. New York: Routledge, 2002.

Bronner, Stephen Eric, and Douglas Kellner, eds. *Critical Theory and Society*. New York: Routledge, 1989.

Habermas, Jürgen. *Philosophical-Political Profiles*. Translated by Frederick Lawrence. Cambridge, MA: MIT Press, 1983.

Jay, Martin. *The Dialectical Imagination*. Berkeley: University of California Press, 1996.

Lowenthal, Leo. *Critical Theory and Frankfurt Theorists: Lectures-Correspondence-Conversations*. New Brunswick, NJ: Transaction, 1989.

Tar, Zoltan. *The Frankfurt School*. New York: Schocken, 1985.

Wheatland, Thomas P. *The Frankfurt School in America: A Transatlantic Odyssey*. Minneapolis: University of Minnesota Press, 2009.

Wiggershaus, Rolf. *The Frankfurt School: Its History, Theories, and Political Significance*. Translated by Michael Robertson. Cambridge: Polity Press, 1994.

Chapter 2

Arato, Andrew, and Paul Breines. *The Young Lukacs and the Origins of Western Marxism*. New York: Seabury, 1979.

Dubiel, Helmut. *Theory and Politics: Studies in the Development of Critical Theory.* Translated by Benjamin Gregg. Cambridge, MA: MIT Press, 1985.

Forgasc, David, ed. *The Antonio Gramsci Reader 1916–1935.* New York: New York University Press, 2000.

Honneth, Axel. *Disrespect: The Normative Foundations of Critical Theory.* Cambridge: Polity Press, 2007.

Horkheimer, Max. *Critical Theory.* Translated by Matthew J. O'Connell. New York: Seabury Press, 1973.

———. *A Life in Letters: Selected Correspondence.* Edited and translated by Manfred R. Jacobson and Evelyn M. Jacobson. Lincoln: University of Nebraska Press, 2007.

Jay, Martin. *Marxism and the Totality: Adventures of a Concept from Lukacs to Habermas.* Berkeley: University of California Press, 1996.

Jones, Steven J. *Antonio Gramsci.* New York: Routledge, 2006.

Kellner, Douglas. *Critical Theory, Marxism, and Modernity.* Baltimore: Johns Hopkins University Press, 1989.

Korsch, Karl. *Revolutionary Theory.* Edited by Douglas Kellner. Austin: University of Texas Press, 1974.

Merleau-Ponty, Maurice. *Adventures of the Dialectic.* Translated by Joseph Bien. Evanston, IL: Northwestern University Press, 1973.

Morton, Adam. *Unraveling Gramsci: Hegemony and Passive Revolution in the Global Economy.* London: Pluto Press, 2007.

Rush, Fred, ed. *Cambridge Companion to Critical Theory.* New York: Cambridge University Press, 2004.

Chapter 3

Benjamin, Walter. *Illuminations.* Edited by Hannah Arendt. Translated by Harry Zohn. New York: Schocken, 1969.

Berman, Marshall. *Adventures in Marxism.* London: Verso, 1999. Easton, Loyd D., and Kurt H. Guddat, eds. and trans. New York: Doubleday, 1967.

Feenberg, Andrew. *Alternative Modernity: The Technical Turn in Philosophy and Social Theory.* Berkeley: University of California Press: 1995.

Gerth, H. H., and C. Wright Mills, eds. *From Max Weber: Essays in Sociology.* New York: Oxford University Press, 1958.

Honneth, Axel. *Reification: A New Look at an Old Idea with Judith Butler, Raymond Geuss, and Jonathan Leader.* Edited by Martin Jay. New York: Oxford University Press, 2008.

Marcuse, Herbert. *From Luther to Popper: Studies in Critical Philosophy.* Boston: Beacon Press, 1991.

Ollman, Bertell. *Alienation: Marx's Concept of Man in Capitalist Society.* New York: Oxford University Press, 1977.

Schmitt, Richard. *Alienation and Freedom.* Boulder: Westview Press, 2002.

Chapter 4

Adorno, Theodor W., et al. *The Positivist Dispute in German Sociology.* Translated by Glyn Adey and David Frisby. London: Heinemann, 1976.

Bobbio, Norberto. *Ideological Profile of Twentieth Century Italy.* Translated by Lydia G. Cochrane. Princeton, NJ: Princeton University Press, 1995.

Bronner, Stephen Eric. *Reclaiming the Enlightenment: Toward a Politics of Radical Engagement.* New York: Columbia University Press, 2004.

———. *A Rumor About the Jews: Anti-Semitism, Conspiracy, and the Protocols of Zion.* New York: Oxford University Press, 2004.

Marcuse, Herbert. *Negations: Essays in Critical Theory.* Beacon Press: Boston, 1969.

Rabinbach, Anson. *In the Shadow of Catastrophe: German Intellectuals Between Apocalypse and Enlightenment.* Berkeley: University of California Press, 2001.

Chapter 5

Abromeit, John, and W. Mark Cobb, eds. *Herbert Marcuse: A Critical Reader.* New York: Routledge, 2003.

Buck-Morss, Susan. *Dialectics of Seeing: Walter Benjamin and the Arcades Project.* Cambridge, MA: MIT Press, 1991.

Daniel, James Owen, and Tom Moylan, eds. *Not Yet: Reconsidering Ernst Bloch.* London: Verso, 1997.

Feenberg, Andrew, ed. *Essential Marcuse*. Boston: Beacon Press, 2007.

Habermas, Jürgen. *Toward A Rational Society: Student Protest, Science, and Politics*. Boston: Beacon Press, 1970.

Kellner, Douglas, et al. *On Marcuse*. Boston: Sense Publishers, 2008.

Taylor, Ronald, ed. *Aesthetics and Politics: The Key Texts to the Classic Debates in German Marxism*. New York: Verso, 2007.

Wolin, Richard. *Walter Benjamin: An Aesthetic of Redemption*. New York: Columbia University Press, 1982.

Chapter 6

Adorno, Theodor W. *The Culture Industry: Selected Essays on Mass Culture*. Edited by J. M. Bernstein. New York: Routledge, 2001.

———. *Prisms*. Translated by Samuel Weber and Shierry Weber. Cambridge, MA: MIT Press, 1994.

———. *The Stars Down to Earth and Other Essays on the Irrational in Culture*. Edited by Stephen Crook. New York: Routledge, 1994.

Kellner, Douglas. *Media Spectacle and the Crisis of Democracy: Terrorism, War, and Election Battles*. Denver: Paradigm, 2005.

Negt, Oskar, and Alexander Kluge. *Public Sphere and Experience: Toward an Analysis of the Bourgeois and Proletarian Public Sphere*. Translated by Peter Labanyi. Minneapolis: University of Minnesota Press, 1993.

Ritzer, George. *The McDonaldization Thesis: Explorations and Extensions*. London: Sage, 1998.

Scholem, Gershom. *Walter Benjamin: The Story of a Friendship*. Translated by Harry Zohn. New York: Schocken, 1981.

Wolff, Robert Paul, Barrington Moore, and Herbert Marcuse. *A Critique of Pure Tolerance*. Boston: Beacon Press, 1969.

Chapter 7

Adorno, Theodor W. *Lectures on Negative Dialectics*. Edited by Rolf Tiedemann. Translated by Rodney Livingstone. Cambridge: Polity Press, 2008.

———. *Notes to Literature*. 2 vols. Edited by Rolf Tiedemann. Translated by Shierrby Weber Nicholson. New York: Columbia University Press, 1992.

Adorno, Theodor W., and Walter Benjamin. *The Complete Correspondence 1928–1940.* Edited by Henri Lonitz. Translated by Nicholas Walker. Cambridge, MA: Harvard University Press, 1999.

Buck-Morss, Susan. *The Origins of Negative Dialectics: Theodor W. Adorno, Walter Benjamin, and the Frankfurt Institute.* New York: Free Press, 1979.

Jameson, Fredric. *Late Marxism: Adorno, or, The Persistence of the Dialectic.* London: Verso, 1990.

Jay, Martin. *Adorno.* Cambridge, MA: Harvard University Press, 1984.

Zuidevaart, Lambert. *Adorno's Aesthetic Theory: The Redemption of Illusion.* Cambridge, MA: MIT Press, 1993.

Chapter 8

Adorno, Theodor W. *Introduction to Sociology. Edited by Christoph Godde.* Translated by Edmund Jephcott. Stanford, CA: Stanford University Press, 2000.

——. *Problems of Moral Philosophy.* Edited by Thomas Schröder. Translated by Rodney Livingstone. Stanford, CA: Stanford University Press, 2001.

Adorno, T.W., et al., *The Positivist Dispute in German Sociology.* New York: Harper, 1976.

Berlin, Isaiah. *Against the Current: Essays in the History of Ideas.* Edited by Henry Hardy. New York: Penguin, 1979.

——. *The Magus of the North: J. G. Hamann and the Origins of Modern Irrationalism.* Edited by Henry Hardy. London: John Murray, 1993.

Dumain, Ralph. "The Autodidact Project." Available at http://www. autodidactproject.org/.

Fay, Brian. *Critical Social Science: Liberation and Its Limits.* Ithaca, NY: Cornell University Press, 1987.

Habermas, Jürgen. *Moral Consciousness and Communicative Action.* Translated by Christine Lenhardt and Shierry Weber Nicholson. Cambridge, MA: MIT Press, 1991.

Kirchheimer, Otto. *Politics, Law, and Social Change.* Edited by Frederic S. Burin and Kurt L. Schell. New York: Columbia University Press, 1969.

Marcuse, Herbert. *Technology War and Fascism: Collected Papers*, vol. 1. Edited by Douglas Kellner. New York: Routledge, 1998.

Neumann, Franz. *The Democratic and Authoritarian State*. Edited by Herbert Marcuse. New York: Free Press, 1957.

重要詞語對照表

眾社會所整合

revolutions 革命in capitalist society 資
　本主義社會中的
　　and Lenin 與列寧
　　and Marx 與馬克思

modern catalysts for 現代催化劑

Rickert, Heinrich 李凱爾特

right-wing movements 右翼運動

Robespierre, Maximilien 羅伯斯庇爾

Romania 羅馬尼亞

Rousseau, Jean-Jacques 盧梭

Russian Revolution 俄國革命

Ryazanov, David 大衛‧梁贊諾夫

S

Sade, Marquis de 薩德侯爵

Sartre, Jean-Paul 讓–保羅‧薩特

Schiller, Friedrich 席勒

Scholem, Gershom 肖勒姆

Schönberg, Arnold 勛伯格

Schopenhauer, Arthur 叔本華

scientific inquiry 科學探索

Simmel, Georg 格奧爾格‧齊美爾

social democratic labor movement 社
　會民主主義勞工運動

socialism 社會主義
　　and critical theory 與批判理論
　　inevitability of 必然性
　　utopian visions of 烏托邦願景
　　The Sociological Imagination
　　(Mills) 《社會學的想像力》
　　(米爾斯)

Socrates 蘇格拉底

solidarity 團結
　　as animating ideal of critical theory
　　作為批判理論的信念

Soviet Union 蘇聯
　　參見 Russian Revolution

Spartacus Revolt of 1919 1919 年斯巴
　達克團反叛

Stalinism 斯大林主義

Stalin, Joseph 約瑟夫‧斯大林

Sternberg, Fritz 斯特恩伯格

The Structure of Scientific Revolutions
　(Kuhn) 《科學革命的結構》
　(庫恩)

student movements 學生運動
　　參見 mass movements

Studies in Prejudice (research project)
　「偏見研究」(研究項目)

subjectivity 主體性
　　in alienation and reification 在異
　　化與物化中
　　enmeshed in what it resists 陷入
　　它所反抗的事物

T

Telos (journal) 《終極目標》(雜誌)

theology 神學
　　"longing for the totally other" 「
　　對全然的他者的渴望」
　　protecting scientific inquiry from
　　保護科學探索遠離神學
　　reframing Marxism through 以神
　　學重塑馬克思主義

Tiller Girls 蒂勒女郎

tolerance 寬容
　　repressive 壓迫性的
　　utopian visions of 烏托邦願景

Tolstoy, Leo 列夫‧托爾斯泰

totalitarianism 極權主義

totally administered society 全面管制
　的社會